지금 당장,
# 무해한 사람
그만두기

## 추천의 글

잘못된 자세를 교정할 때 가장 인정하기 어려운 것은 내가 내내 편하지 않았다는 사실이다. 움츠리고 올라간 어깨에 끊임없이 힘을 주며 스스로 몸을 혹사하고 통증을 유발하고 있었다는 것. 〈지금 당장, 무해한 사람 그만두기〉는 괜찮은 사람이 되기 위해 애썼던 우리가 정말 괜찮은지 묻는다. 항상 힘을 주고 있지는 않은지, 힘을 빼는 방법을 몰랐던 것은 아닌지. 무해함이 삶의 이완 상태가 아닌 일종의 긴장 상태라면 이완에도 연습이 필요하다. 남에게 해를 끼치지 않기 위해 까마득히 잊고 있던 나에게 손 내밀기. 자신을 위해 타인을 놓을 용기. 이 건강하고 단호한 고백이 우리 시대의 다정이 내딛는 서투 걸음마에 동행한다. 힘을 빼는 방법은 그저 놓아버리는 것이 아니라 또 다른 근육을 단련하는 일임을 잊지 않으며.

**우다영** 소설가

버티다 보면 언젠가는

괜찮은 날이 올 거라 믿는 당신에게,

'지금 당장' 괜찮은 삶을 살 수 있는

사소하지만 확실한 방법이 닿을 수 있기를.

최
민

에
세
이

이 책은 저작권법에 의하여 보호받는 저작물이므로
무단 전재와 복제를 금합니다.

순서

추천의 글     3
들어가는 글     10

하나.
**무해한 사람 그만두기**

무해한 사람, 그만둡니다     17
걱정은 사양합니다     20
열심히 사는 것도 좋지만     23
원영적 사고는 다행이고,     28
인과응보적 사고는 고소하고

둘.
**관계에도 유통기한이 있다**

사람은 고쳐 쓰는 게 아니다     35
변할 사람이 변한다     38
무례한 사람을 참지 마라     42
그만 만나고 싶은 사람     46
늘 곁에 있을 줄 알았다     49

셋.

**괜찮아,
너로 충분해**

| | |
|---|---|
| 나는 약점이 아니다 | 55 |
| 사람도 잘 골라야 한다 | 58 |
| 반려동물을 돌보듯 '나'를 돌보라 | 63 |
| 걱정도 특권이다 | 67 |
| 어느 날 죽고 싶어질 때 | 70 |
| 우리는 운명이 선택한 사람들이다 | 74 |
| 하필이면, 너였기에 | 79 |

넷.

**일터에서의
마음 사용법**

| | |
|---|---|
| 월요병을 위로로 바꾸는 법 | 85 |
| 갑질 상사는 결국 아웃된다 | 89 |
| 뒷담화에 대처하는 태도 | 96 |
| 이직이 해결책은 아닙니다만 | 101 |
| 오너십은 오너의 것, 넘보지 마라 | 105 |
| 마음도 실력이다 | 109 |

# 순서

**다섯.**
**낭비된 시간은 없다**

| | |
|---|---|
| 낭비된 시간은 없다 | 117 |
| 오늘의 한계점이 내일의 시작점이다 | 121 |
| 기죽지 마라! 다르니까 괜찮다 | 125 |
| '넌 안 돼'라는 소리를 들었다면 | 129 |
| 빽이 없다면 책을 읽어라 | 134 |
| 인싸가 아니라도 괜찮아 | 138 |

**여섯.**
**마음에도 연습이 필요하다**

| | |
|---|---|
| 친절한 마음을 숨기면 나중에 후회한다 | 145 |
| 약점이 될 말은 하지 말자 | 149 |
| 사소하지만 위대한 선행 루틴 | 153 |
| 누구에게나 애착인형이 필요하다 | 158 |
| 사소한 거짓말이 지켜주는 것들 | 162 |
| 잘 해내고 싶은 마음이 독이 되지 않게 | 166 |
| 한때의 기분에 지지 마라 | 169 |
| 외롭다고 무조건 잡지 마라 | 173 |

**일곱.**
**어차피 내 인생의 노래니까**

| | |
|---|---|
| 하고 싶은 걸 해라 | 181 |
| 남도 용서하는데, 나를 왜 용서 못해 | 190 |

들어가는 글
**이 책을 읽을 이들에게**

이 책을 통해 꼭 말하고 싶은 건 두 가지였다.

하나는 모두에게 무해한 사람이 되려고 애쓸 필요 없다는 거다.
사람들은 무해한 사람을 좋아한다.
타인의 처지를 살피지 않고 자기 이익을 챙기는 것이
일종의 생존기술이 된 시대에서
무해한 사람은 어지간한 불이익을 당해도 가만히 있기 때문이다.

모두에게 무해한 사람은 어디에서 어떻게 만들어지는 걸까.

천성적으로 누군가에게 해를 끼치는 걸 못 견디는 사람일 수도 있고,
지독히도 내향적인 사람이라 불편한 마음을 표현하지 못하는
사람일 수도 있다.
그래서 상처를 입힌 상대에게 따지기를 포기하고,
싫은데도 그 사람이 불편해질까 봐 끌려다니기도 한다.

어쩔 수 없다고 여기며 주눅 들게 만드는 이를 계속 만나고,
힘들어 그만두고 싶은데도 다른 사람을 생각하며 참게 된다.

딴 사람들이 외면하는 사람을 자꾸 떠안게 되고
반복되는 무례한 태도도 그냥 넘어간다.

그러다 병이 난다.
바깥으로 나갈 분노와 상처를 모두 안으로 끌어들이니
마음과 몸이 다 아플 수밖에 없다.

그래서 말해주고 싶었다.
모두에게 무해한 사람이 될 필요 없다고,
싫은 건 싫다고 말하고 살아도 괜찮다고.

하나 더 말하고 싶었던 건
오늘 좀 서툴다고, 해놓은 게 별로 없다고
너무 기죽지 말라는 거다.
세상에 쉽게 이뤄지는 건 없다.
남들의 속도와 비교하지 말고,
자신의 속도로 가더라도 흔들리지 않고 가다 보면

언젠가는 가고 싶은 곳에 도착할 수 있다.

그러나 내가 나를 믿지 않고 존중하지 않으면

타인들의 불신과 무시 앞에 힘없이 고꾸라질 수밖에 없다.

조금은 더 씩씩하게, 조금은 더 다정하게,

스스로를 돌보며 살아야 한다.

그 마음이 있어야 끝까지 갈 수 있다.

이 한 권의 책이

살아가는 일을 더 멋지게 만들어줄 수 있다고

장담할 수는 없다.

그저 내가 살면서 통과해 온 숱한 삶의 순간에서

나를 지킬 수 있었던 생각들이 잘 전달될 수 있다면,

그래서 그 마음이 누군가에게는

사소한 위안이라도 되었으면 좋겠다.

하나.

무해한 사람
그만두기

## 무해한 사람, 그만둡니다

사람을 표현하는 말 중에
요즘 많이 쓰이는 것이 '무해한 사람'이다.
말 그대로 '아무도 해치지 않는 사람',
혹은 '도움이 되지는 못해도 적어도 해는 끼치지 않는 사람'
정도로 보면 된다.

주변에서 그런 사람을 찾는 게 어려운 일은 아니다.
약속을 어겨도 탓하지 않고,
함부로 놀려도 웃으며 넘기고,
들러리를 세워도 괜찮다고 말하는 사람들이 있다.
예전에는 착한 사람, 순한 사람,
마음이 넓은 사람으로 불리다가
이제는 무해한 사람으로 불리게 된 그들.

그런데 모두에게 무해한 사람은
정작 자신에게 해를 끼치는 경우가 많다.

기분 나쁜 일을 당해도 따지도 못하고
싫은 소리도 못 하는 사람의 화가 향할 곳은
자신 밖에 없으니까.

그러니 살면서
모두에게 무해한 사람이 되겠다는 마음은 버리는 게 좋다.

차라리 섭섭하다거나
제법 성깔 있다는 소리도 들어가며
누군가에게는 유해한 사람이 되는 게 훨씬 낫다.

무해한 사람은
생각보다 수명도 짧을 수 있다.

스트레스를 받을 때
체내에서 일어나는 반응이
수명을 줄인다는 연구 결과가 나와 있다.

싫은 소리를 하지 못해
억눌린 감정을 오래 품고 있으면
스트레스는 늘어날 수밖에 없다.

내 마음을 다치게 하는 사람에게는 말 한마디 못하면서
그 상처를 견뎌내느라 힘든 자신에게 화를 푸는 일도 억울하지만,
그로 인해 병든 마음과 몸 때문에
살아갈 날이 줄어드는 건 더 억울한 일이다.

우리 동네 문방구가 문을 닫을 때
이런 문구가 적혀 있었다.
"문방구, 그만둡니다."

오늘까지 무해한 사람으로 살아온
당신의 마음에는 이렇게 써야 하지 않을까.
"무해한 사람, 그만둡니다."

## 걱정은 사양합니다

'걱정'이라는 말을 국어사전에서 찾아보면
안심이 되지 않아 속을 태우는 마음이라고 풀이하고 있다.
누군가가 나를 걱정하는 마음은
고맙고 따뜻한 것이다.

나를 향한 모든 걱정이 다 좋은 것만은 아니다.

가령 처음 보드가 배우고 싶어진 이에게
"멋지다. 나도 배워보고 싶었는데. 다치지 않게 잘 배우고 타"라고
말하는 이도 있지만,
"보드 타다가 죽었다는 뉴스도 안 봤니. 게다가 넌 운동신경도 별로잖아.
걱정돼서 하는 말이니까 차라리 다른 걸 배워"라고
말하는 누군가도 있을 것이다.

문제는 걱정해서 말한다는 충고 속에는
'넌 운동신경도 별로'라는 부정적인 시선이 담겨있다는 사실이다.
이런 소리를 듣고 나면 보드를 배워야겠다는 용기는 사라지고
'맞아. 나는 운동신경도 별로인데 보드를 타다가 다치면 큰일이지'라는
마음에 휩싸이게 된다.

무언가를 시도하려 할 때
누군가가 해주는 걱정 어린 말은 오히려 빠른 포기를 부른다.

"걱정돼서 하는 말인데 거긴 위험해,
너처럼 겁 많은 애가 갈 데가 아니야"라는
말을 듣는 순간 많은 이들이 여행을 단념하게 된다.

"걱정되니까 그 사람 만나지 마. 소문이 별로더라.
너 사람 잘 못 보잖아"라는 말 때문에
새로운 인연을 놓아버리기도 한다.
무언가를 해보기도 전에
걱정한다는 마음을 앞세워
새로운 선택과 시도를 좌절시키는 누군가가 많아질수록
우리의 삶은 어제보다 더 나은 곳으로 나갈 수 없게 된다.

누군가가 걱정을 앞세워

무언가를 해보려는 마음을 막으려 하거든 이렇게 말해라.

"괜찮아요, 걱정은 사양합니다."

생각보다 우리에게 주어진 생은 길지 않다.

쉰 줄에 들어선 사람들이

"엊그제가 이십 대 청춘 같았는데"라고 하는 말이

거짓말이 아니다. 살아보면 다 안다.

어차피 짧은 인생,

멋지게는 못 살아도

하고 싶은 건 다 해보며 살아야 하지 않을까.

## 열심히 사는 것도 좋지만

6시 땡 퇴근을 말하는 이들도 많지만
여전히 밤낮 없이 일하는 사람들도 많다.

일에 매달려 열정적으로 살아가는 '열심족들'인 이들은
삶의 만족도를 높이기 위해 차곡차곡 계획을 세워 실행하는
'갓생러'와는 다르다.

수행하는 일의 형태와 상관없이
그들에게는 공통적인 특징이 있다.

일단 책상에 엎드려 새우잠을 자고,
씻는 것도 대충,
컵라면이나 삼각김밥으로 밥을 때우고,

컴퓨터 키보드를 두드리며 일하는 순간에도
업무 전화를 받는 멀티업무신공을 선보인다.

성격이나 스타일은 제각각이지만
이런 류의 사람들 안에 자리 잡은 속마음은 대부분 비슷하다.
어떻게든 주어진 일을 완벽히 해내고 싶다는 욕심,
그래서 인정받고 싶다는 욕심이 마음 안에
뱀처럼 똬리를 틀고 있다.

문제는 너무 열심히 살면 대부분 아프다는 것이다.
나도 그랬다.

처음에는 어깨가 결리고,
눈이 뻑뻑한 정도였다.
그러다 시간이 지나니 허리통증이 생겨났고,
목과 어깨가 쑤시기 시작했다.
쪽잠은 자는데 제대로는 잠들지 못해
고통스러운 날들도 쌓여갔다.

더 큰일은 아픈 몸이 아픈 마음으로 옮겨오면서 시작됐다.

전에는 없었던 우울감과 불안, 그리고 짜증이
시도 때도 없이 밀려오기 시작한 것이다.
"다들 나보다 잘 나가는 것 같은데 나만 멈춘 건 아닐까."
"앞에선 나를 인정하는 척하지만, 뒤에선 다들 비웃는 게 아닐까."

이런 걱정이 계속되면서 상담을 받아보기도 했다.
그곳에선 나의 상태를 지속적인 업무 스트레스와
과로가 누적되어 발생하는 '번아웃'이라고 진단했다.
진단이 내려졌다고 해서 한 번에 낫는 약이나
치료가 따로 있는 것은 아니었다.
그저 충분히 쉬면서 자신에 대한 배려를 실천하라거나,
'완벽하게 살려고' 하지 말고
'적당히 살아도' 괜찮다는 생각으로 살라고 조언해 주는 게 다였다.

처음에는 좀 허탈했다.
충분히 쉬라거나,
적당하게 살아도 괜찮다는 생각을 갖고
일상을 편안히 산다는 건,
말로는 쉬워도 막상 실천하는 것은
세상에서 가장 어려운 숙제가 되고 마니까.

그렇다고 괴로운 몸과 마음을 안고
그냥 버틸 수는 없었던 탓에
내가 할 수 있는 나에 대한 배려를
하나씩 실천해 보기 시작했다.
일단 일을 줄였고,
아무리 일정에 쫓겨도
책상에 엎드려 새우잠 자는 것을 그만두었다.
물멍도 때려가며 시간을 들여
편안히 씻기 시작했고,
끼니마다 제대로 된 밥을 앞에 두고
천천히 먹으려고 노력했다.
작은 통증이 찾아와도 참지 않고
병원을 찾았다.

일하는 과정에서 만나는 이들에게
인정받고 싶다는 마음은 끝내 버리지 못했지만
그래도 대충대충 일하는 습관도 조금씩 들였다.

그러고 나니 거짓말처럼 몸이 다시 살아났다.
아픈 곳도 하나씩 사라졌고,

고단한 기분도 없어졌고,
잠도 잘 왔다.
그러면서 마음도 편안해졌다.

흔히 많은 사람들이
"베푼 만큼 행복해 진다"라고 말한다.
그런데 '나'를 배려하면 바로 행복해진다.
그걸 깨달은 내가 좋다.

그런데도 사실
지금도 열심히는 산다.
다만 가끔은 '나'도 배려하며 산다.

## 원영적 사고는 다행이고,
## 인과응보적 사고는 고소하고

'럭키비키'라는 단어가 있다.
걸그룹 아이브의 멤버 장원영이
스페인 현지의 빵집을 찾으면서 탄생한 말이다.

사려고 한 빵이 앞사람 차례에서 떨어져
다시 빵을 구울 때까지 한참 동안 기다려야 하는 상황을 맞이한 장원영!
그러나 장원영은 앞사람이 빵을 다 사 간 덕분에
럭키하게도 갓 나온 빵을 먹게 됐다며 좋아했다고 한다.

그 일화를 통해 행운을 뜻하는 럭키(Lucky)와
장원영의 영어유치원 시절 이름 비키(Vicky)를 붙인
'럭키비키'라는 말이 만들어졌고,
모든 상황을 '원영이처럼 긍정적으로 생각한다'는

이른바 '원영적 사고'라는 말도 생겨났다.

어떤 평론가들은 이런 '원영적 사고'가
2030 세대의 현실을 반영하는 증거라고 해석하기도 한다.
대단한 스펙을 갖고도 취업에 실패하고,
어렵게 취업해도 박봉에 시달리고,
결혼은커녕 연애도 하기 힘든
비낭만적인 사회에서 살아가는 청춘들이
눈앞의 현실을 부정하며 어떻게든 버텨내려는 안간힘이
'원영적 사고'라는 말에 들어있다는 것이다.

그럴 수도 있겠다.
그런데 '원영적 사고'는
단지 현실을 부정하기 위해 그렇지 않은데도 그런 척하는
일종의 '정신 승리'와는 좀 다른 부분이 있다.

'원영적 사고'는 일상에서 마주치는 사소한 불운을
긍정적으로 받아들이는 과정을 통해 행복감을 추구하는 동시에
자신은 '운'이 있는 사람이라는
일종의 정체성을 확보해 가는 독특한 방식이기 때문이다.

매번 그렇지는 않지만 나 역시 예전부터
'원영적 사고'를 실천하는 사람이었다.

가령 시사회 이벤트에서 떨어진 걸 알게 되면
그 시간에 다른 약속을 잡을 수 있게 되어 다행이라고 여기는 한편
불러낼 친구가 있어 행복하다는 생각을 한다.

갑작스러운 엘리베이터 점검으로 계단으로 가야 하는 일이 생기면
다리운동을 할 수 있는 기회라고 여긴다.
마음만 먹으면 꼭대기 층까지라도 뛰어갈 수 있는 체력이 있어
기쁘다는 생각도 한다.

생각보다 하루의 사이사이에
다행으로 여길 수 있는 일들이 많다는 건 즐거운 일이다.

물론 다른 사람의 나쁜 의도로 생긴 부정적인 상황까지
운이 좋았다고 받아들이지는 못한다.
그럴 때는 '원영적 사고'보다는
'인과응보적 사고'에 의존하는 편이다.
죄를 지으면 벌을 받는 게 당연하니까.

인품의 부족이라는 소릴 들어도 괜찮다.
나는 부처나, 공자, 예수가 될 생각은 없다.

이유 없이 내 뒷담화를 한 누군가는
어젯밤 치킨을 맛있게 먹다가
이빨로 혀를 깨물었을지도 모른다.
얼마나 아팠을까.

사소한 인과응보,
생각만 해도 고소하다.

둘.

관계에도
유통기한이 있다

## 사람은 고쳐 쓰는 게 아니다

많은 것을 아는 사람을 좋아하지만,
아는 것을 내세워 잘난 척하는 사람을 좋아하진 않는다.

일하며 애쓰는 사람을 좋아하지만,
애쓴 것을 억지로 드러내며 인정받으려 하는 사람을 좋아하진 않는다.

능력을 발휘하는 사람을 좋아하지만,
자신의 직업만 대단하다 떠벌리는 사람을 좋아하진 않는다.

그런데 불행히도
아는 것을 내세워 잘난 척하고,
애쓴 것을 드러내 인정받으려 하고,
틈만 나면 자신의 직업만 앞세우는 사람들이 있다.

드러내고 싶은 마음이 너무 큰 사람들이다.

그런 사람들은 자신을 인정해 주지 않으면
엉뚱한 마음을 먹는다.
잘났다고 칭찬해 주지 않으면
무시한다고 화를 내고,
대단하다고 추켜세우지 않으면
인정하는 것에 박하다고 불평한다.

내가 아는 소설가 하나가 그렇다.
가끔씩 신문에도 이름이 오르내리고
그의 작품에 대한 문단의 평가도 꽤 후한 편이다.
그러니 꽤 잘 쓰는 작가인 것은 맞다.

그런데 개인적인 모임에서 몇 번 만나본
그 소설가의 면모를 네 글자로 말하면
딱 '안하무인'이다.

사람들에게 함부로 말하는 것은 물론이고,
세상을 바라보는 자신의 식견에 반하는 논리를 받아들이지 못한다.

작가로서 견뎌내는 창작의 무게는 과장하면서도
다른 사람이 견뎌내는 삶의 무게는 가볍게 여긴다.
그의 소설에 나오는 인물들이
균형감각을 갖춘 것과 달리
그의 생각은 늘 자기중심 쪽으로만 기울어져 있다.
그러다 보니 자신의 말이나 생각을
인정하지 않는 상대를 만나면
언제나 사납게 굴거나 함부로 대한다.

그런 사람들을 보면 '사람은 고쳐 쓸 수 없다'라는 말이
참 명언이라는 생각이 든다.

본 지 몇 해가 지났지만
그는 여전히 안하무인이라고 한다.

혹시 그가 가장 지키고 싶은 인생의 방향이
'중꺽마'인 것은 아닐까.

갑자기 무서워진다.

## 변할 사람이 변한다

시간이 지나면 모든 게 변한다.
사람의 마음도 마찬가지다.

누구나 변한다.
스릴러 영화에서 평범한 이웃이
빌런으로 변하는 것처럼
'네모'로 알았던 사람이 어느 날 갑자기
'세모'가 될 수도 있다.

나만 있으면 된다던 사람이
나만 없으면 행복하겠다고 말할 수 있고,
법 없어도 살 것 같던 사람이
추악한 범죄자로 전락할 수도 있다.

어떤 상황과 처지에 놓이느냐에 따라
달라지는 게 사람 마음이다.

그걸 알면서도 우리는
자꾸 그걸 잊는다.

'그 사람은 내가 잘 아는데'라는 식의
익숙한 관계일수록 더 그렇다.
믿는 도끼에 발등 찍히는 일도
믿을 만큼 아는 사이에서 생긴다.

나도 그랬다.
믿고 빌려준 돈을 떼이기도 했고,
마음이 맞아 함께 일하다가
결국은 손해만 본 채 그만두기도 했다.

처음에는 그 사람이 변해서
그렇게 된 거라고 생각했다.

시간이 지나면서 알게 됐다.

사실은 변할 사람이
변했던 거였다는 걸.

말 한마디,
행동 하나에 어쩔 수 없이 드러났던
그 사람의 속성을 마주하고도
아무 일 없이 넘겼던 둔감함이
그걸 끝내 알아채지 못하게 만들었던 것이다.

난파 직전의 배에서는
생존의 위험을 감지한 쥐들이 하나 둘 빠져나간다고 한다.
그걸 보고 배에서 빠져나갈 대책을 세우는 선원들도 있지만.
어리석게도 가만히 있다가 난파된 배와 함께 목숨을 잃는 선원들도 있다.
나는 어리석은 선원이었던 셈이다.

요즘은 곁에 둘 만큼 친해진 사람의 마음도
찬찬히 살피고 들여다본다.
그러면 나를 향한 그 사람의 진짜 마음이 보인다.
고맙고 좋아서 행복할 때도 있고,
서운하고 속상할 때도 있다.

더 가까워질 마음도 보이고,
이제 곧 떠나겠구나 하는 마음도 보인다.

어쩌랴.
가까이에 있는 마음이라고
다 나와 같을 수는 없으니까.

## 무례한 사람을 참지 마라

세상에는 무례한 사람들이 참 많다.
말이 무례한 사람도 있고, 태도가 무례한 사람도 있고,
말과 태도가 모두 무례한 사람도 있다.

무례한 사람들의 기질은
대부분 '강약약강'인 경우가 많다.
화가 머리끝까지 솟아도 '마동석' 같은 사람들 앞에서는
정중해지는 반면,
여리고 약한 사람들 앞에서는 작은 잘못에도
호통과 경고를 빼먹지 않는다.

무례한 사람들의 또 다른 기질은
낯설고 익숙한 것을 가리지 않는다는 것이다.

처음 보는 사람에게도 무례하게 굴지만
자주 보는 관계에서도 무례함을 잊지 않는다.

성실하다고 해야 할까,
아니면 부지런하다고 해야 할까.
이들이 보여주는 무례함은 시도 때도 가리지 않고
어떤 사이든, 어떤 관계든 꾸준히 파고든다.

그렇게 성실한 무례함들이 모여
우리 곁에 있는 많은 이들의 마음을 해친다.

문제는 생각보다 이들의 무례함을 참아주는
사람들이 많다는 사실이다.

아무것도 아닌 일을 따지고 들고,
잘 알지도 못하면서 참견하고,
잘못해 놓고도 되레 큰소리를 치는 이들의 무례함을
왜 그들은 참아주는 걸까.

한마디로 말하면 착해서다.

자꾸 성가시고 피해를 보면서도

착한 사람으로 사는 게 오히려 마음이 편해서다.

그런 사람들을 우리는 공자 같다고, 예수 같다고 말한다.

그러나 그건 잘 알지 못하고 하는 소리다.

공자님 역시 남의 단점을 말하는 사람과 윗사람을 헐뜯는 아랫사람,

그리고 용맹하되 무례한 사람을 미워했다.

예수님도 불의를 일삼고 약자를 괴롭히는 이들을 꾸짖었다.

그러니 공자님도 예수님도 미워한

무례한 사람들의 무례함을 받아줄 필요는 없다.

물론 착한 사람으로 사는 게 속 편하다는 마음 아래에는

부딪치는 게 싫다는 욕구가 자리 잡고 있을 것이다.

그러나 그 과정에서 상처받는 자신의 마음은 어떻게 할 것인가.

그 어떤 상황에서도 우리는 우리의 마음을 스스로 돌보고 보호해야 한다.

계속 참다 보면 결국 마음에는 병이 든다.

얼마나 억울한 일인가.

무례한 사람이 죄를 받는 게 아니라,

무례함을 당한 사람이 죄를 받는 꼴이니 말이다.

그러니 참다가 병을 만들지 않으려면

큰소리를 지르며 다투지는 않더라도

싫으니 그만하라는 목소리는 내야 한다.

혼자서 끙끙대며 힘들어하지 말고

무례한 사람 앞에서 뭐가 불편한지 정확하게 말해야 한다.

역사상 수영에서 제일 많은 금메달을 획득한 마이클 펠프스도

처음부터 멋진 폼으로 수영을 한 것은 아니다.

그 역시 물속에서 하는 호흡부터 배워야 했다.

무례한 사람에 맞서는 것도 마찬가지다.

처음에는 서툴고 힘들지 몰라도

여러 번 경험이 쌓이다 보면 제대로 목소리를 낼 수 있게 된다.

그러니 피하지도 미루지도 말라.

더는 당신이 아프지 않기 위해

이제 세상의 모든 무례함과 맞설 때다.

## 그만 만나고 싶은 사람

오랜만에 동창 모임이 있던 날
곁에 앉은 친구가 계속 '이집트' 이야기를 하길래
거기 가봤냐고 물었다.
그런데 친구가 화를 냈다.
거기도 안 가본 줄 아냐고.
그런 게 아니라고 했더니
그럼 됐다고 그런다.

그날 술집에는 테이블이 꽉 차 있었는데
우리가 시킨 안주가 늦게 나오자
그 친구가 화를 냈다.
다른 친구가 뭘 그런 걸 갖고 화를 내냐고 하자
그럼 뭘 갖고 화를 내냐며 또 화를 냈다.

계산하고 나와
흩어지려는데 그 친구가 이차를 가자고 했다.
평일이었고, 늦게 만난 탓에 시간이 많이 늦어져
다들 이차는 다음에 하자고 하는데,
친구가 다음에 하자는 놈들이
제일 싫다며 화를 내고 가버렸다.

집으로 돌아오는 길에 계속 생각했다.
그 친구는 왜 그렇게 화가 났을까 하고.
물론 이유를 알 수 없었다.

다만 그 친구를 만나는 게
앞으로는 꺼려질 것 같다는 생각이 들었다.

나는 곁에 있으면 마음 편해지는 사람이 좋다.
괜히 화를 내서 긴장을 만들거나.
다른 사람과 부딪쳐 불편한 공기를 만드는 건 딱 질색이다.
공격적 터프가이를 싫어하는 이유다.
그런 사람 곁에 있으면 마음도 무거워지고 웃음도 사라진다.

물론 이런 현상은 나만의 것은 아니다.
심리학 용어 중에 감정 전염효과라는 게 있는데
사람들이 주변의 감정을
무의식적으로 받아들이는 현상을 말한다.
주변에 밝고 환한 사람이 있을 때 나도 모르게
기분이 좋아지는 것도 같은 현상이다.

요즘처럼 안 좋은 일이 많이 일어나는 세상에서
이왕 사람들을 만날 거라면
긍정적이고 유쾌한 감정을 전염시키는 사람이 되고 싶다.
그러면 조금은 더 세상이 밝아지지 않을까.

## 늘 곁에 있을 줄 알았다

엄마는 밥공기에 밥을 꾹꾹 눌러 담았다.
그 밥을 다 먹고 나면 언제나 배가 불렀다.
그러고도 한 술만 더 먹으라는
엄마와 늘 실랑이를 벌여야 했다.

실랑이에 지쳐 고개를 끄덕이고 만 내 밥그릇에는
밥 한 술이 아닌 반 공기가 더 얹어졌고,
난 그때마다 얼굴을 붉히며 짜증을 냈다.

그때는 생각하지 못했다.
정이 넘치던 엄마는 민망해하고,
정이 모자란 나는 퉁명해 지던 그날들이
그리운 날이 될 거라고.

후회한다.

식당에서는 조금만 맛이 좋아도

잘 먹고 간다는 인사를 빼놓지 않으면서

엄마한테는 맛있는 밥을 해주셔서 고맙다는

말 한마디 전하지 못했던

그때의 무심한 나를.

엄마는 내게 전화도 자주 걸었다.

비나 눈이 많이 왔을 때,

지하철에 사고가 났을 때,

불이 났을 때.

건물이 무너졌을 때,

그렇게 서울에 무슨 일이 생겼다는 뉴스만 나오면

엄마는 늘 전화를 걸어 내가 무사한지를 물었다.

받지 않으면 계속 전화를 걸어

어떻게든 나와 통화하려고 했다.

엄마의 걱정을 알면서도

매번 "지금 바쁘다"라는 말을 앞세워
서둘러 전화를 끊었다.

그때는 생각하지 못했다.
엄마는 다하지 못한 말을 삼키고,
나는 매정한 말을 뱉어내던 그날들이
이렇게 가슴 한켠이 아린 날로 기억될 거라는 걸.

이제는 더 먹으라며
억지로 내 밥 위에 밥을 얹어주는 사람도 없고,
서울에서 사건과 사고가 벌어질 때마다
날 걱정하며 전화하는 사람도 없다.

너무 늦게 알았지만
엄마는 나를 낳고 키운 사람이 아니라
나를 지키던 세상이었다.

왜 그때는 그걸 몰랐을까.

셋.

괜찮아,
너로 충분해

## 나는 약점이 아니다

소설가 박상영의 소설을 바탕으로 만든 영화 〈대도시의 사랑법〉에는
거침없이 살아가는 자유로운 영혼의 소유자 재희와
게이라는 현실 때문에 세상과의 거리두기를 지켜온 흥수가 나온다.

같은 대학의 불문과 아웃사이더로 만난 두 사람은
친구가 되어 그들만의 우정을 나누며
조금씩 성장해 간다.

그사이 다툼도 벌어지는데,
흥수는 재희가 자신이 게이라는 사실을
사람들에게 알릴까 봐 불안한 마음을 이렇게 전한다.

"왜. 내 약점이라도 잡은 거 같냐?"

그때 돌려주는 재희의 답변이 의외다.

"네가 너인 게 어떻게 네 약점이 될 수 있어."

흥수가 던진 건 자신이 게이라는 현실 때문에 생긴 불안이었는데, 그 불안을 잡아든 재희는 있는 그대로의 인정으로 돌려준 것이다.

얼마나 근사한가.
생각하면 너무도 당연한 마음이기도 하다.
다만 그 당연한 마음을 품는 것이 쉽지는 않다.

살다 보면 누구나 숨기고 싶은 것들이 있다.

숨기고 싶은 게 다른 게 아니고
본질적인 '나'라면 어떻게 해야 할까?
그래도 계속 숨기며
언제 들킬 줄 몰라 전전긍긍하며 살아야 할까?
그렇게 되면 '나' 자체가 약점이 될 수도 있다.
내가 먼저 나의 속성을 부정해버리면
그때부터 나는 내가 아닌 그저 약점 덩어리가 되고 마는 것이다.

약점은 '나'의 한 부분에 불과하지만,
약점을 숨기기 위해 '나'를 부정하고 나면
그때부터는 나 자체가 '약점'이 되고 만다.

우리가 약점이라고 생각하는 것을 감추는 이유는
그로 인해 관계가 실패할 거라고 믿기 때문이다.
그런데 약점을 숨기고 이어가는 관계 역시
성공한 관계라고 볼 수는 없다.
그 관계에는 진짜 자신을 인정하는 사람이 없기 때문이다.

물론 드러낸 약점 때문에
실패로 끝나고 마는 관계도 있을 것이다.
그러나 오히려 있는 그대로의 나를 인정해 주는
성공한 관계도 만들어질 수 있다.

"네가 너인 게 어떻게 네 약점이 될 수 있어"라고 말해준 재희가
영화 속에만 있는 것은 아니니까.

## 사람도 잘 골라야 한다

살다 보면 꼭 필요한 지혜가 바로
'잘 고르는 법'이다.

가령 생선을 고를 때는
눈이 맑고 투명한 생선을 고르면 된다.

수박을 고를 때는
꼭지가 마르지 않고 살짝 두드렸을 때
'통통' 하는 맑은 소리가 나는 수박을 고르면 좋다

편한 신발을 고를 때는
발가락 앞에 1cm 정도 여유가 남는 것을 택해야 한다.

그런데 고르는 법이
사람이라는 대상으로 옮겨가면
다들 고개를 갸웃거린다.

여러 이유가 있겠지만
가장 큰 것은 그만큼 사람의 속을 알기가 쉽지 않기 때문이다.

그렇다고 어쩔 수 없다고 생각하며
사람 고르는 것을 포기할 필요는 없다.

세상 살아가는 모든 이치에
일찌감치 숟가락을 얹어둔 공자는
유익한 벗으로 세 가지 부류를 꼽았다.

정직하고,
믿음직하며,
지식과 경험이 많은 사람이
공자가 꼽은 유익한 벗이다.

반면 줏대 없고,

아첨하며,
말만 번드레한 사람이
공자가 꼽은 해로운 벗이다.

고개를 끄덕이게 만드는 조언이지만
그걸 기준 삼아 사람을 구분하는 것이
쉬운 일은 아니다.

그런데 의외로 우리가 살아가는 일상에서
곁에 두어도 좋을 사람인지 아닌지를
구분하는 좋은 방법이 있다.

밥을 먹는 식당이나 술집에서
그 사람이 어떻게 행동하는지를
살펴보면 된다.

종업원에게 반말을 하거나
무례하게 구는 사람은
가급적 멀리하는 게 좋다.

음식이 맛이 없거나
좀 늦게 나온다는 이유로
벌컥 화를 내는 사람도
가까이 두지 않는 게 좋다.

내게 아무리 잘하는 사람일지라도
두 눈 딱 감고 마음의 울타리에서
과감하게 내보내야 한다.

타인을 함부로 대하는 사람은
자신을 존중하지 못하는 사람이다.
자신조차 존중하지 못하니
타인을 함부로 대하는 것이다.

그런 사람들이 예의를 차리고,
누군가에게 잘할 때는
무언가 필요한 것이 있기 때문이다.

물론 필요한 것을 얻거나
필요한 것이 상대방에게서 사라지면

언제 그랬냐는 듯 예의와 존중을 거둬내고
무례한 태도를 드러낸다.

고약하고 못된 사람과도
같이 보내는 시간이 많아지면
끊어내기가 어려워지는 법이다.

그러니 애초에 그런 사람은
가까이 두지 않는 게 좋다.

그래야 괜찮게 나로 살 수 있다.

# 반려동물을 돌보듯
# '나'를 돌보라

우리나라에서 반려동물과 함께하는 인구가
천만을 넘은 지 오래다.
그러다 보니 길을 걸을 때
보리, 코코, 초코, 똘이, 콩이, 레오 등의 이름을
다정하게 부르는 이들을 만나는 건 흔한 풍경이 됐다.

존중의 마음도 그만큼 커져,
동물보호법상의 반려동물 돌봄 의무를
어기는 사람도 찾아보기 어렵다.

돌봄 의무라는 게 어려운 일은 아니다.
오히려 상식에 가까운 일이다.

동물을 보호하는 이들은 동물이 굶거나
영양이 결핍되지 않도록 노력해야 한다.

운동과 휴식, 그리고 충분한 잠을 지켜줘야 하며,
동물이 스트레스를 받지 않도록 해야 한다.

병에 걸리거나 다치면 바로 치료해야 하고,
혹시라도 동물이 지내던 장소가 달라지면
새로운 환경에 적응할 수 있도록 애써야 한다.

반려동물과 함께하는 이들은
법의 강요가 아니라 사랑하는 마음 때문에
기꺼이 동물을 돌본다.

그런데 정작 자기 자신은
돌보지 않는 이들이 많다.

일에 쫓겨 바쁘다거나 여유가 없다는 이유로
잠과 휴식을 줄이고, 운동은 아예 포기한다.
제대로 된 끼니를 포기하는 것은 다반사고

걱정과 스트레스를 끌어안고 산다.
몸이 아프거나 마음에 병이 생겨도 치료받는 걸 미루고,
환경이 바뀌면서 생기는 어려움도 무턱대고 견뎌내려고만 한다.
당연히 지치고, 아프고, 힘들어진다.
우울하거나 불안할 때도 많아진다.
나를 돌보지 않아서다.

반려동물과 함께하는 이들에게
반려동물을 돌봐야 할 의무가 있는 것처럼
우리 모두에게는
우리 스스로를 돌보야 할 의무가 있다.

특출난 재능이나 실력이 없어서,
너무 평범하거나 시선을 끌만한 매력이 없어서,
노력했지만, 이뤄낸 게 없어서,
저지른 잘못 때문에 나설 용기가 없어서,
지금은 밉고 한심한 '나'의 모습일지라도
우리는 '나'를 소중하게 돌봐야 한다.

그게 나에 대한 예의다.

하루가 멀다고 일어나는
수많은 재난과 사고 속에서
생존자로 살아남은 나에 대한 예의다.

유한한 생명을 갖고 태어난 우리에게
아직 살아있다는 사실만큼
위대한 일은 없다.

그러니 살아남은 나에 대한 예의로
나를 소중히 돌보며
또 하루를 그렇게 살아가는 거다.

살다 보면
지금까지의 부진을 만회할 기회는 거짓말처럼 온다.
꼭 온다.
믿지 못할 만큼, 이게 맞는가 할 만큼 그렇게 온다.

## 걱정도 특권이다

〈걱정을 해서 걱정이 없어지면 걱정이 없겠네〉라는 책이 있다.
그런데 '걱정을 안 해서 걱정이 없어지면 걱정이 없겠네'라고 말해도
누구도 이의를 달지 못할 것이다.

걱정이란 게 그렇다.
해도 걱정, 안 해도 걱정이다.
걱정할 일이 생기면 걱정하면 되고,
걱정할 일이 없으면 걱정하지 않으면 된다.
세상이 만들어진 이래
걱정이 없었던 사람은 없다.

알타미라 동굴에 낙서를 쓴 고대 인류는
버릇없는 요즘 애들을 걱정했고,

조선의 명장 이순신 장군은

자나 깨나 나라 걱정을 했다.

유대 소녀 안네 프랑크는

나치에게 들키는 게 걱정이었고,

비틀즈의 존 레논은 자신이 죽으면

어떻게 기억될지가 걱정이었다.

축구선수 손흥민은 지는 것을 걱정했고,

선종한 프란치스코 교황은 소외된 약자를 걱정했다.

위대한 사람은 위대한 걱정을

보통 사람은 보통 걱정을 하며

살아가는 게 세상이다.

이 글을 쓰고 있는 나 역시 걱정이 있고,

이 글을 읽고 있는 그대들 역시 걱정이 있을 것이다.

걱정이 없는 사람은 없으니까.

걱정이 없는 사람들이 모여있는

유일한 곳이 있기는 하다.

그곳은 바로 공동묘지!

죽은 사람에게는 걱정이 있을 리 없다.

어떻게 보면 걱정은
살아있는 인간만이 누릴 수 있는 특혜인지도 모른다.
그러니 걱정한다고 걱정하지 말자.

## 어느 날 죽고 싶어질 때

죽고 싶은 사람은 없다.

그런데도 많은 사람들이 스스로 죽음을 선택한다.
죽고 싶진 않지만
죽지 않고서는 자신이 맞닥뜨린 괴로움을
피할 방법이 없다고 생각한 것이다.

그래서 간절하게 살기를 원하면서도
끝내 죽음을 택한다.

누군가는 죽을 용기로 살면 된다고 말하지만 전제가 틀렸다.
죽음은 용기로 선택하는 게 아니라
두려움 때문에 선택하는 거니까.

죽음을 부르는 두려움은 사람마다 다르다.
병이 나을 수 없다는 두려움 때문일 수도 있고,
사랑하던 사람과 헤어지는 두려움 때문일 수도 있다.
아무리 노력해도 원하는 성적을 얻지 못할 거라는 두려움 때문일 수도 있고,
빚 독촉에서 벗어날 수 없다는 두려움 때문일 수도 있다.

문제는 벗어나려고 애를 쓰면 쓸수록
두려움은 더 커진다는 데에 있다.
두려움은 처음에는 봄비처럼 내리지만
나중에는 여름 장마처럼 우리의 몸과 마음을 적신다.
도무지 마를 틈을 주지 않고
지옥처럼 계속되는 두려움의 습기를 벗어나기란 쉽지 않다.

두려움을 덜어 낼 방법이 아예 없는 것은 아니다.
다만 두려움이 주는 어둠 때문에
대부분 그 방법을 보지 못한다.

두려움에 빠진 이들은
자신이 혼자라고 생각한다.
그래서 줄곧 소중하게 이어온

가족, 친구, 지인들과의 관계를 한켠으로 밀어둔다.
부담을 주기 싫은 데다
도움도 받지 못할 거라고 단정하여
고립의 길을 택하는 것이다.

잘못된 선택이다.
사람들은 가까운 이가 죽음을 생각하는 것을 알게 되면
그들이 할 수 있는 최선의 노력을 다한다.

같이 밥 먹으며 수다를 떨어주고,
추억을 들춰내 서로가 얼마나 소중한 관계이지를
일깨워 주려고 한다.
두려움의 절망 앞에 함께 울어주고,
괜찮아질 거라는 말과 함께 꼭 안아줄 수도 있다.

그딴 게 무슨 도움이 되겠냐고 생각할 수도 있다.
그러나 사람의 마음은 의외로 단순하다.

나를 아끼고 위하는 이들의 마음을
눈앞에서 확인하는 순간,

그들을 두고 죽는 게 미안해지고
억울해지기 시작한다.

혼자 감당해야 하는 두려움의 원인은 여전한데도
그 무게는 신기하게 줄어든다.
그때쯤이면 조금은 더 견뎌야 한다는,
조금은 더 버틸 수 있겠다는 생각도 든다.

그거면 된다!

작지만 그런 기분으로 하루하루를 이어가다 보면
죽음을 부르는 두려움에서 조금씩 벗어날 수 있다.

기억해야 한다.
두려움이 커질수록 관계 뒤편에 숨기보다는
관계 앞으로 나와 모두와 만나야 한다는 것을.

그래야 혼자서는 찾을 수 없었던
다시 살아갈 힘과 원래로 돌아갈 방법을 찾을 수 있다.

## 우리는 운명이 선택한 사람들이다

살다 보면 참고 기다리는 게
가장 힘든 일이 되는 때가 있다.

채용시험을 치른 이라면
발표를 기다리는 시간이 그럴 테고,
사랑하는 사람에게 프로포즈한 이라면
승낙을 기다리는 시간이 그럴 것이다.

그런데 진짜 힘든 일은 막상 그 시간을 견디고
다다른 결과가 좋지 않을 때 생긴다.

합격자 안내 화면에서 발견한
'죄송합니다. 귀하의 수험번호는 합격자 명단에 없습니다'라는

스물세 글자는 합격을 기대했던 이들이 만나는
세상에서 가장 쓸쓸한 문구다.

운명이라고 믿으며 고백했던 이가 돌려주는
"미안해. 나 말고 더 좋은 사람이 나타날 거야"라는 말은
사랑의 끝이 보여주는 가장 아픈 대답이다.

쓸쓸하고 아픈 순간을 한 번이라도 맞이한 이들은
모든 것에 조급해지기 시작한다.
최선을 다했지만, 아무것도 이루지 못한 채 물러서야 했던 순간이
선명하게 각인되면서 생겨난 실패의 트라우마 때문이다.
그때부터는 힘을 내 목표로 삼은 것에 최선을 다하고서도
막막하고 불안한 감정을 털어내지 못하게 된다.

쉼 없이 달리는데도
남들보다 노력이 부족한 것처럼 느껴지고,
앞서 나가는 친구를 보면
축하의 마음보다는 질투의 마음이 먼저 든다.
그런 자신이 부끄럽다고 생각하면서도
그 마음을 꽁꽁 숨긴다.

오래된 일이지만

중앙지의 신춘문예 소설 최종심에서 고배를 마신 적이 있다.

그때 나를 제치고 당선된 작가는 문단의 중심에 자리 잡았다.

몇 년 더 지나 지방지를 통해 등단하긴 했지만,

중앙지 최종심에서 떨어졌던 기억이 나를 계속 따라다녔다.

그래서였다.

굳이 사람들 있는 자리에서 그 작가의 소설을 비판했었다.

잘 쓴 소설이 분명한데도 흠을 잡으려고 노력했다.

열패감은 그렇게 치사하고 비겁한 것이었다.


그런데 사실은 나만 아팠다.

어차피 그 작가는 내 존재조차 몰랐을 테니까.

그걸 깨닫는 순간, 고민하기 시작했다.

왜 이렇게 됐을까?

고민에 고민을 해봐도 답을 얻기 힘들었다.


계속 고민했고, 그러다 알게 됐다.

모든 건 목표를 이루는 때를

내가 정해두고 달렸기 때문에 생겨난 일이었다.

물론 목표의 데드라인을 정하는 것은
성취를 자극하는 좋은 방법이다.

그러나 그건 어디까지나 계획에 불과하다.
데드라인을 맞추지 못한 실패가
평생의 실패로 이어지는 것은 아니다.
그런데 나는 한동안 내가 정한 시간의 함정에 빠져
실패자의 정서를 키워왔다.

마음을 바꾸고 나서 부터
나는 여유로워졌다.
모든 것에는 적절한 때가 있겠지만,
그 적절한 때는 사람마다 다르다는 것을 받아들였다.
내가 계획하는 대로 이뤄지는 때가 적절한 때가 아니라,
운명이 나를 이끄는 때가 적절한 때라고 생각하게 되었다.

그때가 언제 올지는 모르지만
오늘 할 수 있는 노력을 멈추지는 말아야지,
나는 요즘 그런 마음으로 산다.

혹 올해까지 취직하겠다는 데드라인을 맞추지 못해 괴로운 이라면
내년으로 계획을 바꾸면 된다.

가을까지 사랑할 사람을 만들겠다는 데드라인을 맞추지 못했다면
다음 해 가을로 기한을 옮기면 될 것이다.

대신 오늘을 열심히 살다 보면
언제일지는 모르지만 그 적절한 때가
내게도 올 거라고 믿어보자.

계속 방향만 잃지 않고 걷다 보면
운명이 우리를 적절한 때에
분명 우리가 이루고 싶은 것과 닿게 할 것이다.

태어난 게 우리의 의지가 아닌 운명이듯,
우리는 모두 운명이 선택한 사람들이니까.

## 하필이면, 너였기에

편의점에서 산 삼각김밥 하나로
한 끼를 때워야 하는 궁핍함을 매일 견뎌야 하는 사람이
하필이면 너일 수 있다.

만나자는 친구의 전화에
나눠서 낼 밥값과 술값이 걱정되어
오늘은 바쁘다고 거짓말해야 하는 사람이
하필이면 너일 수 있다.

옷 한 벌 사는 것도 걱정이 되어
지구를 살린다는 거창한 명분을 내세우며
매일 같은 옷을 입고 한철을 보내야 하는 사람이
하필이면 너일 수 있다.

짧은 머리가 잘 어울릴 것 같다는 소리를 들어도

미용실 비용을 아끼기 위해

장발스타일을 고집하는 사람이

하필이면 너일 수 있다.

가고 싶은 공연이 생겨도

관람료가 부담돼 유튜브로 공연 영상을 보며

만족해야 하는 사람이

하필이면 너일 수 있다.

가난하고 고단한

그래서 서러운 날들을 꽤 길게 견뎌야 하는 사람이

하필이면 너일 수 있다.

그러나 하필 그런 너라서

갖게 된 것들도 있을 것이다.

그날들을 견뎌온 덕분에

너는 작은 기회에도 감사하는 마음을 갖게 되었을 것이다.

어떤 사람이 좋은 사람인지 구별하는 눈도 키우게 되었을 것이다.

어디에서도 버틸 수 있는 독한 끈기도 배웠을 것이다.

가장 낮은 곳에서도 꿈꾸는 것을 포기하지 않는
씩씩한 마음도 품었을 것이다.
견뎌온 만큼,
고단했던 것만큼,
너는 단단해졌다.

부끄러웠던 날들이
자부심이 되는 날이 올 것이다.

언젠가 넌
스스로 익히고 배운 것으로
빛날 것이다.

하필이면, 너였기에.

넷.

일터에서의
마음 사용법

## 월요병을 위로로 바꾸는 법

갑자기 가슴이 쿵쾅거린다.
물을 마셔도 진정이 되지 않는다. 왜?

신경이 곤두선다.
혹시 이 방에 나 말고 다른 누가 있는 건 아닐까?

온몸이 쑤시고 고단해진다.
오늘 내가 뭘 한 거지?

우울감이 들더니 갑자기 왜 사는가 싶어진다.
병원에 가봐야 하나?

대체 무슨 병이 생긴 걸까?

그렇다. 병이라면 병이다.
이름하여 월요병,

평균적으로 일요일 오후 6시를 넘기면서 시작되는 이 병은,
신체적 이상과 무기력한 느낌을 동반하며,
다음날 오후가 되면서 조금씩 회복된다.
최근의 보고에 의하면 수요일에
동일한 증상을 호소하는 이들이 늘면서
수요병이라 불리기도 한다.

전문가들은 이 병의 원인을
'출근에 대한 두려움'에서 찾는다.
스트레스 없애기와 긍정적으로 사고하기를
해결책으로 제시한다.

"Oh, my god!"
자신의 의지만으로
스트레스 없이 긍정적으로 사고하는 사람이 될 수 있다고?
그건 사실 노력이 아닌 노오력으로도 가능한 일이 아니다.
전문가들은 쉽게 말하지만 보통 사람에게는

신의 의지에 가까운 일이니까.

그렇다고 월요병 치유를 포기하라는 말은 아니다.
그냥 좀 더 쉬운 생각으로 고쳐보면 어떨까?

월요병을 앓고 싶어도 앓지 못하는 사람들도 많다.
일할 게 없어 느끼는 피로가 아닌
일하는 사람의 피로를 느껴보고 싶은 사람들 말이다.
누군가에게는 월요병이 절대 피하고 싶은
그러나 피할 수 없어 걸리고 마는 병일 수도 있지만,
누군가에게는 앓고 싶어도 결코 앓을 수 없는 병일 수도 있다.

그러니 월요병을 앓을 수 있는 처지에 있다는 걸
행운이라고 받아들이면 어떨까.
엄살 그만 부리라는 이야기가 아니다.
일터에서 느끼느 스트레스와 고단함이 가볍다고 말하는 것도 아니다.
다만 앞에 닥친 부정적인 상황에만 빠지지 말고
나의 처지에서 한걸음 물러나
뒤에 있는 이들의 처지도 바라보며 살라는 것이다.
가끔은 그게 위로가 되어주기도 하니까.

최근 보도에 따르면 사회에 첫 발을 내딛는

청년층의 취업난이 급격히 악화됐다고 한다.

기업들의 경력직 선호가

청년 취업난을 가중시킨 대표적인 원인으로 꼽힌다.

결국 새로 들어갈 일자리는 없고,

있는 일자리를 지키고자 하는 이들의 사투는 계속되고 있다는 뜻이다.

이런 분위기를 생각해 보면

매주 돌아오는 월요병은,

고단하고 짜증 나는 현실 가운데

여전히 잘 버티고 있음을 인정해 주는 상장 같은 게 아닐까.


물론 나도 다가오는 월요일 때문에

떠나가는 일요일이 매번 애틋하고 아쉽다.

## 갑질 상사는 결국 아웃된다

'상사가 곧 회사'라는 말이 있다.
한때 직장인들 사이에 신드롬을 일으켰던
만화 〈미생〉에 나와 유명해진 말이다.

일과의 대부분을 보내야 하는 직장에서
상사는 그날의 기분과 업무 효율을 좌우하는
중요한 존재일 수밖에 없다.

어차피 갑인 상사, 거기에 더해 하필이면
갑질까지 하는 상사를 모시고 살아야 할 때가 있다.
갑질 상사에 시달리다 보면 누구나 마음에 품고 살아간다는
사표를 쓰는 결단에 이르기도 한다.

그런데 누구 좋으라고?

준비 없이 무작정 직장을 떠났다가는
감당할 수 없는 삶의 태풍에 휘말릴 수도 있다.
회사가 전쟁터라면 회사 밖은 지옥이라는 말이 나온 데는
다 그만한 이유가 있다.

다시 생각하고, 고쳐 생각해 봐도
사표 밖에는 답이 없는 정말 답 없는 회사라면 떠나는 게 맞다.
적성과 맞지 않고, 발전의 가능성도 전무한 회사에서
무작정 버티는 건 오히려 자신을 좀먹는 일이 될 테니까.

그러나 단지 고약한 갑질 상사 하나 때문에
떠날 마음이 생긴 거라면 괴롭더라도 버티는 게 맞다.

나무 중에 층층나무라는
좀 별난 이름을 가진 나무가 있다.

그 모양이 한번 보면 잊히지 않을 만큼 인상적이다.
이름 그대로 가지가 층층이 져서 자라기 때문이다.

그러다 보니 층층나무는
아파트나무나 계단나무라는 별명으로 불리기도 한다.
묘한 일은 층층나무는
저희끼리도 모여 자라는 법이 없다는 것이다.
다른 나무를 아래에 두는 법도 없다.
외톨이 나무라고 불러도 될 만큼
한 그루씩 떨어져 자란다.
어디를 가도 울창하게 떼거리를 이룬
층층나무숲을 만나는 일은 일어나지 않는다.

층층나무는 다른 나무들 입장에서 본다면
아주 고약한 나무다.
조금이라도 빈 공간이 생겨나면
가지를 옆으로 넓게 펼쳐 햇빛을 독차지해 버린다.
다른 나무 생각은 하지 않는
그야말로 나무늘보가 아닌 나무 놀부인 셈이다.

결국 층층나무 아래나 옆에서는 다른 나무가 살 수 없다.
층층나무끼리도 가까이 붙어살지 못하는 이유가 여기에 있다.
서로 떨어져 살아야 비로소 살 수 있는 것이다.

이런 습성 탓에 붙은 층층나무의 별명이 또 있다.

폭력배에 쓰는 폭자를 붙여 폭목(暴木),

그러니까 깡패나무라 부르기도 하고,

황야의 무법자에 빗대 숲속의 무법자로 부르기도 한다.

생각해 보면 층층나무의 모습은

갑질상사와 모습과 닮아있다.

공이 생기면 뭐든지 독차지하려고 하고,

부하나 동료 직원의 상황이나 처지는

안중에도 없는 독불장군,

그러니까 그 밑이나 그 옆에서는

그 누구라도 힘들 수밖에 없다.

그런데, 층층나무만큼 불쌍한 나무도 없다.

혼자만 살겠다고 욕심부리던 끝에 같이 어울릴 나무 하나 없이

평생을 외롭게 살아야 하니 말이다.

갑질 상사도 다르지 않다.

자기 욕심 채우는 데만 급급하여

부하나 동료를 함부로 대하는 사람은
결국 혼자 남을 수밖에 없다.
그러니 더 독하게 사람들을 괴롭히겠지만
결국에 회사도 그 사람을 품을 수 없게 된다.
우리는 살아봐서 안다.
겨울이 길 것 같지만 살다 보면 봄이 온다는 것을.
그날을 기다리며 주어진 일을 하다 보면
좋은 상사와 좋은 동료가 옆에 붙게 된다.

그럼에도 당장은
현재의 갑질 상사로 인해 괴로울 것이다.
당신이 모자라서가 아니라,
부족해서가 아니라,
성실하지 않아서가 아니라,
그가 못된 사람이라, 잘못된 사람이라,
문제가 있는 사람이라 생기는 일이다.
그걸 당신만 아는 것도 아니다.

안 보는 것 같지만 모두가 보고 있고,
안 듣는 것 같지만 모두가 듣고 있다.

당신이 사표를 던지고 먼저 떠나지 않아도
언젠가 갑질 상사는 외롭게 직장을 떠날 수밖에 없다.
그때 그를 배웅하는 사람은 없을 것이다.
그때는 그도 꽤 아플 것이다.

그러니 굳이 총대를 메고
그와 부딪칠 필요 없다.
갑질 상사도 상사다.
그건 내가 잘 되게 하지는 못해도,
내가 안 되게 하는 능력은 갖추고 있다는 뜻이다.

태풍이 몰아쳐도 바위는 아무 소리 없이 버틴다.

온갖 이유를 들어 갑질 상사가 당신을 괴롭힐 때
그저 고장 난 라디오가 내는 소리로 여기면 된다.
한 귀로 듣고 한 귀로 흘려버리는
단단한 무심함이 당신을 구할 것이다.
그 모든 게 당신의 문제가 아니라는 사실을 의심하지 않으며
당신의 마음이 다치지 않도록 평온만 유지하면 된다.

그리고 그럴 때마다 경청하듯 그의 말을 들으며 마음속으로 이렇게 되뇌라.

'결국 시간이 너를 정리할 것이다.'

## 뒷담화에 대처하는 태도

"우리가 상대방의 등 뒤에서 쑥덕대는 말을
 그의 얼굴을 보고 한다면 이 사회는 결코 유지되질 못할 것이다."

인간의 욕망과 속물근성을 다룬 걸작 〈고리오 영감〉을 쓴
프랑스의 작가 발자크가 남긴 말이다.

남을 헐뜯기 위한 뒷담화의 역사는
아마도 인류의 역사와 맞물려 시작되었을 것이다.

뒷담화는 타인에 대한 비방을 즐거움으로 삼는
인간의 본능적 욕망에서 비롯되기 때문이다.

그러나 그 욕망을 즐기는 사람들 때문에

뒷담화의 대상이 되어버린 사람은
지옥 같은 시절을 보내기도 한다.

대부분의 시간을 보내야 하는 일터에서도
뒷담화는 이어진다.

물론 강력한 꼰대 기질로 부하 직원과 동료들을
피곤하게 만드는 공인된 빌런 상사에 대한 뒷담화는
일터의 긴장감을 녹이는 치료제가 될 때도 있다.

하지만 분명한 악의를 갖고
인격을 공격해오는 전투성 뒷담화는
그냥 내버려둬서는 안된다.

그렇다고 뒷담화한 동료와 무조건 싸우려 들면
예민한 사람으로 찍히기 십상이다.

우아하고 세련되게,
경우에 따라서 포용적으로
뒷담화에 대처하는 태도가 필요하다.

일단은 증거수집이 우선이다.
내 귀에 들려온 뒷담화의 경로를 정확히 찾고,
그 목소리를 처음에 누가 냈는지 잡아내야 한다.

그다음은 분석이다.
왜 내가 그의 뒷담화 대상이 되었는지 그 이유를 찾아야 한다.
대부분의 경우 악의적 뒷담화 뒤에는
질투나 열등감이 자리 잡고 있다.
혹 나의 말이나 태도가
그 질투나 열등감을 자극한 것은 아닌지
스스로를 돌아보는 마음도 필요하다.

그다음은 처분이다.
분석을 통해 뒷담화를 한 사람을
어떻게 다룰 것인지 결정해야 한다.

다만 그전에 고려해야 할 것은
그 사람과의 관계를 끊어낼지,
혹은 유지할지의 여부다.

만약 단절해도 상관없다는 판단이 섰다면
그 사람을 불러 지금까지 수집된 증거를 들이대며
사과와 함께 재발방지를 위한 약속까지 받으면 그만이다.
이때도 감정을 개입시키는 태도를 보여서는 안 된다.
지나가는 다른 동료가 혹시 상황을 보더라도 이해할 만큼
차분한 자세와 태도를 유지해야 한다.

그런데 관계를 계속 유지해야 하는 상대라면,
제대로 된 사과를 요구하기 어려워진다.
대신 뒷담화를 알게 되어 힘들었던 심경과 함께
나의 어떤 점이 싫고 불편했느지를 솔직히 말해달라는
요청 정도는 해볼 수 있다.

상대가 뼛속까지 악인이 아니라면 대부분 이 정도 선에서
뒷담화의 문제가 해결되는 경우가 많다.
이때는 침착하고 차분한 태도보다는
뒷담화로 인해 많이 힘들었다는 느낌을 주는 게 좋다.
그래야 상대의 마음이 움직인다.

한 가지 꼭 기억해야 하는 게 있다.

뒷담화를 한 사람도

뒷담화를 당한 사람도

여전히 한 일터에 속해 있다는 사실이다.

일터에서 두 사람만의 일은 존재하지 않는다.

그건 어떤 일에 대한 나의 태도와 행동이

결국은 그 일터의 모든 사람에게

평가받게 된다는 뜻이기도 하다.

뒷담화를 큰 싸움으로 키워

타인의 눈에 '태도에 문제가 많은 사람'으로 보이는 것은

피하는 게 좋다.

섣불리 뒷담화를 잡으려다가

오히려 일터의 '열외인간'이 될 수도 있으니까.

## 이직이 해결책은 아닙니다만

"과거로 돌아가 새롭게 시작할 수는 없지만
지금부터 시작해 새로운 결말을 만들 수는 있다."

20세기가 낳은 위대한 신학자 중 한 사람으로 평가받는
칼 바르트가 남긴 명언이다.

신학이야기를 하자는 건 아니다.
하려는 건 이직 이야기다.

평생직장이 당연한 것으로 여겨지던 과거에
이직은 용기 있거나
혹은 문제 있는 조직 부적응자들의 몫이었다.

그러나 이제 이직은 달달한 케이크에 따라오는 커피처럼
당연한 코스로 여겨지고 있다.

취직이 어려운 세상이 되다보니
다수의 취준생들이 일단 합격부터 하고 보자는 생각에
여기저기 원서를 낸 결과일지도 모른다.

어찌 보면 화장실 갈 때와 나올 때의 마음이 달라지는 것과 같다.
어디든 취업만 하면 좋겠다던 때를 지나
막상 회사를 다니다 보면
급여나 복지 같은 조건들이 눈에 보이게 되고,
눈에 보이면 비교하게 되고,
비교하게 되면 당연히 이직 생각이 날 수밖에 없다.

꼬이고 망가진 직장 내 인간관계 때문에,
현재의 직장에서 미래가 보이지 않기 때문에,
혹은 워라밸을 꿈꾸며 이직을 고려할 수도 있다.

적어도 이직을 염두에 뒀다면
신중하고 조심스럽게 준비하는 과정이 필요하다.

이직의 성공은 선착순에 달려있는 게 아니기 때문이다.

단순히 자기 성에 차지 않는다고
현재의 직장에서 받는 월급을 대책 없이 포기하는 것은 위험하다.
원한다고 해서 바로 이직이 되는 경우는 드물기 때문이다.

자신과 집안의 경제적 상황도 살펴봐야 한다.
만약 월급이 가정의 유일한 소득원이라면
더더욱 주의 깊게 살펴야 한다.
매달 갚아야 할 대출이 있을 수도 있고,
다음달 당상 가족 중 누가 큰 병을 앓을 수도 있다.
이직을 위해 그만둔 회사를 찾아가 돈이 필요하니
다시 받아달라고 매달려도 받아줄리 없다.

한 가지 더 따져봐야 할 것은
혹시라도 승진할 가능성이 어느 정도인지 여부다.
만약 가까운 시기에 승진할 확률이 높다면
당연히 이직을 미뤄야 한다.
승진한다는 것은 직장의 인정을 받고 있다는 평가인 동시에
앞으로 열릴 새로운 기회를 보장받았다는 뜻이다.

이직을 하더라도

승진을 하고 이직하면

더 좋은 조건으로 옮겨갈 수 있다.

그 모든 것들을 충분히 살폈더라도

이직의 길에는 점검되지 않은 걸림돌이 의외로 많을 수 있다.

갑질 꼰대상사, 또라이 후배, 반복되는 야근, 고된 노동강도 등

예상치 않은 복병들이 기다리고 있을 수도 있다.

그 모든 것들을 현재의 직장과

비교하고 따져보는 신중함이 필요하다.

그 과정을 통해 마음의 지렛대가 여전히 이직 쪽으로 기운다면

스스로를 믿고 이직을 감행해도 좋을 것이다.

그때는 칼 바르트가 남긴 명언을

다시 한번 마음속의 주문처럼 외쳐도 좋다.

"과거로 돌아가 새롭게 시작할 수는 없지만

지금부터 시작해 새로운 결말을 만들 수는 있다."

# 오너십은 오너의 것,
# 넘보지 마라

회사의 간부들이 사원들에게 빼놓지 않고 강조하는 게 있다.
바로 '주인의식'으로도 불리는 '오너십'이다.
결국 회사를 내 것처럼, 회사 일을 내 일처럼 여기며
최선을 다해달라는 말이다.

그런데 시간이 흐르면 알게 된다.
회사를 내 것처럼, 회사 일을 내 일처럼 여기며
최선을 다한 사람들이 때로 회사 밖으로 내몰리기도 한다는 사실을.

그들이 회사에서 쫓겨나며 챙길 수 있는 것은
약간의 퇴직금과 약간의 경력, 그리고
몸과 마음을 망가뜨리는 상당한 질병이다.
위궤양과 속쓰림, 만성위염과 만성피로, 소화불량과 변비,

두통과 탈모, 우울증과 불면증 등
그 분야도 종합병원급 진료를 필요로 할 만큼 다양하다.

화가 나는 것은 회사에서 생긴 대부분의 질병은
회사를 내 것처럼, 회사 일을 내 일처럼 여기며
닥치는 대로 야근하고, 갑질 상사의 명령까지 무조건 따르며
밤낮으로 뛰는 과정에서 생긴다는 사실이다.

그걸 직접 경험하거나
경험하지는 않더라도 그런 류의 이야기를 듣다 보면
언젠가부터 '오너십은 개나 줘버려'라는,
한때는 회사불만론자의 무책임한 입에서 나온 것이라 무시했던
바로 그 말이 가슴에 날아와 비수처럼 박히고 만다.

그때부터
차근차근 퇴직준비를 시작하는 유비무환형 사원이 되거나,
혹은 어떻게든 시간을 끌어모아 투잡, 쓰리잡을 뛰는
멀티플레이형 사원이 되거나,
그것도 아니라면 최소한의 에너지만 쓰며 일하는
동면형 사원이 되어가는 것이다.

게다가 회사의 수익은 커졌는데
여전히 월급인상에는 인색하게 굴거나,
노력과 열정은 강요하면서도
보상과 권한은 챙겨주지 않는 분위기가 깊어지면
오너십은 결국 오너의 것으로만 남을 뿐,
사원에게는 닿을 수 없는 가장 고난도의 판타지 영역이 될 뿐이다.

그건 마치 고작 배 열두 척으로
수백 척의 전함을 가진 왜군과 싸우기 위해
목숨을 걸어야 했던 이순신 장군의 마음과 다름없다.
그나마 이순신 장군에게는
위기에 빠진 조국을 구했다는 역사의 기록이 남았지만
사주의 이익만을 생각하는 회사에서 애사심을 발휘하는 것은
아무도 기억하지 않는 쓸모없는 희생을 자처할 뿐이다.

회사가 오너십을 강조한다면
사원은 회사에 물어야 한다.
오너십을 갖고 열심히 노력한 사원에게
회사는 무엇을 줄 수 있는지를.

그 답은 나보다 먼저 회사에서 뛰었던
수많은 선배들에게 주어졌던 보상과 대우,
그리고 그들이 회사를 나갈 때
어떤 모습인지를 보면 나온다.

만약 그 답이
훈훈하고 뭉클하고 자부심 넘치는 쪽이라면
기꺼이 오너십을 가져도 좋다.

그러나 그 답이
지독히도 우울하고 답답하고 화나는 쪽이라면
오너십은 영원히 오너의 것으로만 여기며 사는 게
더 잘 사는 길이다.

오너십, 결코 괜히 넘볼 게 아니다.

# 마음도 실력이다

수술 후 후유증으로
아버지의 입원이 길어지면서
걱정과 불안이 커지던 시절이었다.

아버지를 당장 잃을 수도 있다는 생각은
매일 계속되는 피검사 결과나
환자감시장치가 보여주는 수치를
견딜 수 없는 두려움으로 바꾸어놓곤 했다.

밖은 지독히도 덥고,
안은 에어컨 때문에 지독히도 춥던
어느 여름날의 저녁,
병실에는 계속해서 삑삑거리는 경고음이 울려 퍼졌다.

아무런 움직임 없이 그대로 누워있던
아버지의 맥박수가 갑자기 치솟은 것이다.

병원에 있는 동안
아버지의 심장이 정상적으로 뛰지 않아
맥박수가 불규칙해진 적은 여러 번 있었다.

그러나 그날은 유달리 수치가 높았다.
계속해서 190 이상을 넘어갔다.

불안이 엄습하던 그때
간호사가 들어왔다.

조심스럽게 상태를 살피던 간호사는
아버지의 손목 주름 쪽에 검지와 중지를 대고는
1분 정도를 기다렸다.
손으로 아버지의 맥박 수를 센 것이다.

같은 방법으로
간호사는 아버지의 맥박을 한 번 더 쟀다.

"걱정 안 하셔도 될 것 같아요."

간호사는 엷은 미소를 지으며 말해줬다.
손으로 잰 아버지의 맥박은 정상이라며,
가끔 기계가 오작동을 일으켜 수치가 다르게 나올 때가 있다고 했다.

간호사의 말을 듣고 나서야
내 안을 채우고 있던 두려움이 사라졌다.

손으로 맥박을 정확히 재는데,
대단한 실력이 필요한 것은 아닐 것이다.
그러나 보호자의 얼굴에서 읽어낸 불안을 덜어주기 위해
애쓴 간호사의 마음은 대단한 실력이라고 생각한다.

간호사가 보여준 마음의 실력 덕분에
안심하며 병원을 나와
집으로 돌아올 수 있었다.

그날은 잠도 편하게 잤던 것으로 기억한다.

사실 그것만은 아니었다.

그 간호사는 내가 궁금한 것을 물으면

언제나 따뜻하게 답을 해줬고,

일을 마치고 병원에 들어서면

묻지 않아도 그날의 아버지 상태를 알려주었다.

하면 할수록 능숙해지는 게 일이다.

사람들이 경력자를 선호하는 이유다.

그러나 마음의 실력은

경력이 쌓인다고 쌓이는 건 아니다.

내가 만나는 이들에게

다정해지려는 마음을 먹을 때

비로소 늘어나는 게 마음의 실력이다.

일터에서 노동을 존중받지 못한다는 기분에

서글퍼하는 이들이 많다.

그래서 자기 일을 단지 생계의 수단으로만 여기며

스스로 홀대하는 경우도 생긴다.

그럴 때 자신에게 일의 실력 말고
마음의 실력도 있는지 돌아보는 게 필요하다.

때론 마음의 실력이
최고의 존중으로 돌아오기도 하니까.

여전히 그때 그 간호사는
내 인생 최고의 간호사로 남아 있다.

다섯.

 낭비된 시간은 없다

## 낭비된 시간은 없다

15년째 똑같은 옷을 입고, 똑같은 밥을 먹어온
일본인이 화제가 된 적이 있다.

그가 15년간 줄곧 똑같은 식단과 의상을 고집했던 이유는
의사 결정을 최소화하여 낭비되는 시간을 줄이기 위한 것이었다.

그의 오랜 습관은 메이저리거로 활약했던
전 일본 야구 선수 '스즈키 이치로'의 엄격한 일과를 따라한 것이다.

과거 이치로는 단순화한 생활 습관을 통해
훈련과 경기에서 집중력을 높이는 효과를 봤다고 한다.

결국 야구 선수 이치로와 그를 따라한 일본인이

추구한 건 시간낭비 없는 삶이었다.

낭비되는 시간을 줄여
적은 시간에 최대치의 효과를 내는
이른바 효율성의 삶을 추구하는 이들에게는
꽤 괜찮은 모델로 여겨질 수도 있겠다.
그러나 의도적인 상황 설정을 통해
매일같이 반복되는 일상이 행복할 수 있을까.
그 어떤 변수도 허용되지 않는,
그래서 그 어떤 시간적 낭비도 없는 삶이 놓치는 것은 없을까.

우리는 누구나 시간에 쫓기며 살아간다.
그래서 삶에서 정한 목표나 목적을 벗어난 일들을
시간낭비로 여기는데 익숙하다.

누군가에게는 삶의 의미가 되어주는
여행이나 독서, 혹은 친구와의 만남이
누군가에게는 불필요한 시간낭비로 치부되기도 한다.

문제는 그런 분위기에 익숙해지다 보면

그저 '좋아서 했던 일'이나
단순히 '해보고 싶어서 했던 일'들이
쓸데없는 후회의 시간으로 해석될 수 있다는 것이다.

그러나 우리는 효율성을 추구하기 위해 만들어진 기계가 아니다.
살 날은 유한하지만,
우리 자신의 감정과 경험을
더 행복하게 만들기 위한 시도를 우리는 지속해야 한다.

가끔 잊곤 하지만
살아가면서 이루려는 목표도 알고 보면
우리가 행복해지기 위해 걸어가는 여러 길 중 하나에 불과하다.

좋아서 하는 일과
해보고 싶어서 하는 일 역시
내가 행복해지는 길 중 하나다.

그런 일들이 당장의 내 삶에 필요한
자격이나 면허를 주지는 못할지라도,
살아가며 겪는 수많은 피로와 고단함을

잠시나마 벗어나게 만드는 힘이 된다.

쓸수록 내 삶을 낭비하는 게 아니라
쓸수록 내 삶을 채워주는 셈이니
오히려 시간축적이라고 보는 게 맞지 않을까.

지금도 시간은 가고 있다.
무엇을 하든, 무엇을 하지 않든 시간은 흘러간다.

그러니 당장 행복해질 수 있는 일들도 좀 하고 살자.
나중에 후회하지 말고.

# 오늘의 한계점이 내일의 시작점이다

있는 힘을 다해 노력했는데도
인정받지 못할 때가 있다.
열심히 공부했지만
성적이 나쁘게 나올 때도 있고,
모든 시간을 다 바쳐 준비한
중요한 시험이나 오디션에서
떨어질 수도 있다.

그럴 때 누군가는 말한다.
그게 한계라고,
한계를 인정하는 것도 실력이라고,
그만 포기하고
할 수 없는 일이 아닌 할 수 있는 일을 하라고.

정말 그게 나의, 너의, 혹은 우리의 한계가 맞을까?
무언가를 해내고 싶어 열심히 할 때,
우리를 이끄는 것은 바로 마음속 꿈이다.

꿈이란 게 원래 그렇다.
쉽게 이뤄지지 않는다.
그래서 꿈이다.

꿈을 이루고 싶다면
약해진 마음을 뚫고 들어오는
누군가의 현실적인 조언보다는
그동안 나를 움직여온 내 안의 꿈을 믿어야 한다.

열심히 노력했는데도 오늘 이루지 못했다면
그건 영원한 나의 한계가 아니라
딱 오늘까지의 한계일 뿐이다.

한계 자체를 인정하지 말라는 말이 아니다.
시간과 노력을 들여 더 준비하고 연습해서
오늘의 한계를 넘어서라는 말이다.

쉽지는 않을 것이다.
너무 지쳐서 힘들 테니까.
너무 힘들다 싶을 때,
그럴 때 하루쯤은 마음껏 울어라.
하루쯤은 세상에 화도 내고 성질도 부려라.
딱 하루쯤은 응원이 되어줄
사람에게 온전히 기대어도 좋다.

그런 다음날 밥 한 그릇 야무지게 먹고
다시 시작하면 된다.

오늘 이루지 못한다고 해서
내일도 이루지 못하리라는 법은 없다.
중요한 건 정말 되고 싶다는,
언젠가는 이룰 수 있다는 진짜 믿음이다.
그 믿음이 있어야만 모든 걸 걸고 달려갈 수 있다.

그 믿음이 흔들리지 않는다면
오늘 우리가 한계라고 생각했던 지점은
내일의 출발점이 되어 앞으로 더 많이 나갈 수 있게 된다.

한계는 그렇게 극복되고,
꿈은 그렇게 이뤄진다.

자신을 믿지 않는다면 여기서 멈춰라.
그게 한계다.
그러나 믿는다면 달려라.
한계를 넘어설 때까지.

# 기죽지 마라! 다르니까 괜찮다

어떤 사람은

맛있는 음식을 먹을 때 기분이 좋아진다.

어떤 사람은

낯선 곳으로 여행을 다닐 때 기분이 좋아진다.

어떤 사람은

좋은 친구들과 어울려 술을 마실 때 기분이 좋아진다.

어떤 사람은

가만히 혼자 시간을 보낼 때 기분이 좋아진다.

그렇게 우리는 다르다.

취향이 다르고,
인생의 태도가 다르고,
행복의 우선순위도 다르다.

그러니까 기죽지 마라.
어차피 우리는 다르다.
같은 세상 속에 살고 있지만
모두가 같은 세상을 사는 것은 아니다.
같지 않은 사람들이,
같지 않은 조건 속에서,
같지 않은 하루를 살아내는 것뿐이다.

살면서 필요한 것은
내 삶에 대한 존중이다.

내가 선택한 나의 삶을,
내가 살아내고 있는 현재의 삶을
내가 존중하지 않으면
그때부터 우리는
다른 사람이 만들어둔 기준의 틀에 놓이게 된다.

그건 마치 한 번 발을 디디면
온몸을 다치고도 쉽사리 빠져나오지 못하게 되는 덫과도 같다.
돈, 학벌, 직업, 집안, 외모 등등
어차피 나와는 상관없는 타인의 조건이
느닷없이 내 삶의 가치를 멋대로 후려치고,
열등감과 자기비하의 끈으로 온몸을 꽁꽁 묶는 것을
피하지 못하게 된다.

타인이 만든 기준의 덫에 걸렸다는 생각이 들 때는
일단 배에 힘 딱 주고
허리를 곧게 편 채 생각해야 한다.

나를 기죽게 하는 그의 돈이,
그의 학벌과 집안이, 그리고 그의 외모가
내 삶에 대체 무슨 의미가 있는지를 말이다.

내가 기죽어 납작 엎드리면
그의 것이 내 쪽으로 조금이라도 옮겨오는가,
절대 그럴 일 없다.

조금만 생각해도 답은 나온다.

나와는 아무 상관 없는
온전히 그의 것에 속하는 것 때문에
기죽고 위축되어야 할 이유가 없다.

기죽지 마라.
다르니까 괜찮다.
어차피 나는 나의 하루를
나의 방식으로 나의 사람들과 살아가는,
그와는 전혀 다른 사람이다.
그게 진실이다.

# '넌 안 돼'라는 소리를 들었다면

역사상 가장 성공한 광고 슬로건을 꼽을 때
빠지지 않고 등장하는 게 있다.

'저스트 두 잇!(Just do it!)'

고민 따위는 그만두고 "그냥 해!" 혹은
"한번 해봐"라는 뜻으로 쓰이는 이 슬로건은
무려 30년 넘게 나이키의 성장을 이끌어왔다.

그런데 이 슬로건의 탄생 배경에는 뜻밖의 이야기가 숨겨져 있다.

당시 나이키의 광고를 맡았던 대행사의 대표였던 위든(Wieden)은
개리 길모어(Gary Gilmore)라는 연쇄살인범이 사형 집행 직전

마지막으로 남길 말을 묻는 말에
자신에 대한 사형을 빨리 집행하라는 뜻으로 답한
'렛츠 두 잇(Let's Do it)'에서 강한 영감을 받았다.
고민 끝에 그는 'Let's'를 'Just'로 바꾼 'Just do It'을
나이키의 슬로건으로 제시했다.

'저스트 두 잇!(Just do it!)'이
악명 높은 연쇄살인마의 마지막 말에서 시작됐다는 것을 알게 된
대부분의 나이키 관계자들은 새로운 슬로건 채택을 주저했다.

그러나 나이키의 창업자였던 필 나이트(Phil Knight)는
'저스트 두 잇!(Just do it!)'이 어디에서나 흔히 쓰는 표현이며,
한계에 도전한다는 메시지를 강력하게 전달하는 슬로건이 될 수
있을 거라고 자신했다.

편견을 뛰어넘었던 필 나이트의 선택은
나이키가 전 세계적인 유명 브랜드로 성장하는 발판을 만들었다.

편견 안에 갇혀 있으면 편하다.
대부분의 사람들이 편견에 길들어 있기 때문에

편견 쪽에 서는 데는 용기도 필요 없다.
그냥 받아들이면 된다.
그러나 그것뿐이다.
그 어떤 것도 얻을 수 없다.

반면 편견을 깨려면 불편해져야 한다.
대부분의 사람은 편견을 넘어서는 사람들을
받아들이지 못하기 때문이다.
편견과 맞서려면 용기가 필요하다.
싸워야 한다.
그 싸움에서 이기는 순간 새로운 세상을 얻을 수 있다.

사람들의 편견을 뛰어넘어 위대한 성공을 만들어낸 이야기는
나이키의 창업자에게만 해당하는 것은 아니다.

토크쇼 여왕으로 세상에 이름을 알린 오프라 윈프리는
한때 '흑인 여성'이라는 이유로 방송국 리포터 일을 그만둬야 했다.
가족과 친구들마저 포기하라며 그녀를 말렸지만,
오프라는 숱한 차별과 편견을 이겨내며 눈물 속에서도 앞으로 나갔다.
결국 그녀는 세계적인 영향력을 가진 토크쇼의 여왕이 될 수 있었다.

불세출의 농구 황제였던 마이클 조던은
고등학교 시절 키가 작고 실력이 뛰어나지 않다는 이유로
1군 선발 시험에 매번 떨어졌다.
코치와 동료들은 선수가 아닌 취미로 농구를 즐기라고 권했지만,
포기할 수 없었던 조던은 이를 악물고 연습했고,
마침내 NBA 역사상 최고의 스타로 떠올랐다.

피겨 여제 김연아는 '한국에서 피겨는 힘들다'라는 편견을 뛰어넘었고,
배우 박은빈은 '아역 출신은 성공하기 어렵다'라는 편견을 극복했다.
축구선수 손흥민은 '유럽 축구에서 한국인 공격수는 통할 수 없다'라는 편견을 깨부쉈고,
가수 임영웅은 '트로트는 올드한 음악'이라는 대중의 편견을 뚫어냈다.

편견을 넘어 새로운 세상을 만든 이들에게는
공통점 세 가지가 있다.
진심으로 편견에 맞서는 용기,
최고가 되기 위해 최선을 다하는 꾸준한 노력,
그리고 어떤 경멸과 무시 앞에서도
자신의 가능성을 의심하지 않는
자기 확신이다.

이루고 싶은 꿈이나

가고 싶은 길이 있는데도,

세상의 편견에 가로막혀 아무것도 할 수 없다면

그건 편견으로 가득한 세상의 탓이다.

그러나 그것 때문에

모든 걸 다 포기해 버렸다면

그건 당신의 문제이기도 하다.

자, 이제 어두운 골방에서 그만 나올 때가 됐다.

또라이 소리를 들어도 좋다.

편견에 맞설 용기를 단단히 챙겨 세상 밖으로 나가보자.

대신 두 가지는 꼭 갖추고 나서야 한다.

하나는 매일매일 최선을 다할 꾸준한 노력의 자세,

나머지 하나는 '넌 안 돼'라는 말을 수천 번 듣는다 해도

자신의 가능성을 절대 의심하지 않을 강력한 자기 확신이다.


준비됐다면 이제 정말

'저스트 두 잇!(Just do it!)'이다.

당신이 변하지 않으면

세상도 변하지 않는다.

## 빽이 없다면 책을 읽어라

빽 있는 사람이 부럽다는 사람이 많다.
어려운 문제가 생겼을 때 도와달라는 말만 하면
폼 나게 해결해 줄 든든한 사람을 곁에 두고 싶은 것이다.

그래서 뉴스를 볼 때마다
아버지의 힘으로 취업했거나
삼촌 덕분에 원하는 학교에 갔다는 누군가를
손가락질하면서도 내심 부러워한다.

부러우면 지는 거라고 하지만
티 내다 걸리고 마는 아마추어 같은 '빽' 말고,
보이지 않는 손처럼 아무도 모르게
실력을 행사하는 '빽'이라면 부럽지 않을 수 없다.

그래도 소용없다.

간절히 원하면 이뤄진다고 하지만,

원한다고 없던 빽이 갑자기 생길 리 없다.

'빽' 타령을 할 시간에

'빽' 말고 나를 도울 든든한 무언가를

만드는 편이 훨씬 낫다.

사람 사는 게 워낙 다양한 모습이듯,

나의 삶을 도울 수 있는 것들도 찾아보면 꽤 많다.

그중에서도 비싼 돈 들이지 않고,

적당히 시간만 투자하면

다방면으로 나를 도와줄 수 있는 걸 골라보자면

책이 으뜸이다.

살다 보면 누구나

한 번도 예상하지 못했던 어려움에 부딪칠 때가 있다.

그럴 때 책은 그 순간을 어떻게 극복할 수 있을지 조언해 주는

든든한 빽이 되어준다.

〈쇼펜하우어의 인생수업〉을 읽으며
삶의 위기를 벗어나는 방법을 깨칠 수도 있고,
〈죽고 싶지만 떡볶이는 먹고 싶어〉라는 책을 읽으며
생의 가장 취약한 시간을 버틸 힘을 얻을 수도 있다.

사는 게 심심하고 지루해질 때도 있다.
그럴 때 책은 나를 경험하지 못한 새로운 세상과 마음으로 이끄는
즐거운 빽이 되어준다.

우다영의 소설집 〈앨리스 앨리스 하고 부르면〉을 읽으며
꿈과 현실이 교차하는 묘한 세계로 들어가 볼 수도 있고,
시집 〈마중도 배웅도 없이〉를 읽으며
처음에는 서울로 나가는 막차 시간을 묻다가
나중에는 내일 출발하는 첫차의 시간을 묻게 되는
어느 버스 승객의 마음과 만날 수도 있다.

책은 그렇게 우리에게로 올 때마다
새로운 세상과 지식과 경험,
그리고 새로운 사람을 가득 싣고 온다.

조금씩 차이는 있지만

대부분 겨우 300쪽 정도에 400g 정도의 무게밖에 나가지 않는 책,

그러나 제대로 읽어내는 순간

책은 우리가 아는 가장 크고 힘 쎈,

그러면서도 뒤끝 없는 당당하고 든든한 빽이 되어 우리를 지켜준다.

그러니 빽이 없다면

죽으라고 책을 읽자.

책이 빽이 되는 순간,

우리는 지지 않는다.

세상에, 사람에, 그리고 나 자신에게.

## 인싸가 아니라도 괜찮아

누군가가 말했다.

세상은 남자와 여자로 나뉘는 게 아니라

인싸(인사이더)와 아싸(아웃사이더)로 나뉜다고.

정도의 차이는 있겠지만

아싸가 되는 걸 두려워하는 사람들이 의외로 많다.

아싸를 사회부적응자 정도로 여기는 편견 때문일 것이다.

요즘은 스스로 집단과 거리를 두는

자발적 아싸도 등장했다고 한다.

여전히 사람들은 아싸보다는

인싸가 되길 바란다.

'인싸되는 법'을 묻는 질문이
학생이나 직장인 커뮤니티에 자주 올라오는 이유다.

겉으로 보기에는 그럴듯해 보여도
인싸로 사는 건 아싸로 사는 것보다 많이 힘들다.

인싸가 되려면 생각보다 남들의 눈치를 많이 봐야 한다.
공동체에 대한 헌신도 당연히 요구받는다.
그러다 보니 나만을 위한 시간을 확보하는 것도 쉽지 않다.

스스로 아싸라는 사실에
자괴감을 갖는 것만큼이나
인싸라는 사실을 고단하게 생각하는 이들도 많다.

생각해 보라.
매번 혼자 밥을 먹는 일이 어려울까?
아니면 여럿이 함께 밥을 먹으며
매번 즐거운 척 해야 하는 일이 어려울까?

인기가 많은 탓에 여기저기 불려 다니며

각종 행사와 모임을 다니는 것도 반가운 일만은 아니다.
꼬박꼬박 모임 경비로 나가는 돈,
왔다 갔다 하며 뺏기는 시간.
게다가 모든 사람과 친함을 가장해야 하는 감정노동까지 생각하면
인싸라는 이유로 감당해야 하는 고단함의 무게는 결코 가볍지 않다.

그런데도 많은 사람들이 인싸를 꿈꾸는 이유는
드라마나 영화 속에서 그려지는 인싸의 모습이 화려하고 폼나기 때문이다.
그러나 현실 속 인싸의 세계는 생각보다 피로하고 고단하다.

거기에 반해 아싸는
오로지 자기가 좋아하는 것에 집중할 수 있고,
스스로의 장점과 가치를 키우는 시간을 누릴 수 있다.
자신을 옭아매지 않는 느슨하고 가벼운 관계 속에서
편안한 일상을 맘껏 즐길 수 있다.
남들의 눈치를 보며 자기 의견을 숨길 필요도 없다.
굳이 유대감과 소속감을 보이기 위해
좋아하지도 않는 사람들과 인사를 나누고 대화하는
감정노동을 할 필요도 없다.
그러니 몸도 마음도 훨씬 자유롭다.

게다가 아싸라고 친구가 아예 없는 것도 아니다.
관심사와 뜻이 맞는 소수의 몇몇과 어울리는 시간은
우정의 질도 훨씬 높여준다.

인싸라도 충분히 행복한 사람들도 있다.
공동체적 정서가 편안하고
외향적 에너지도 넘쳐
그 누구와도 즐겁게 어울릴 수 있는
마당발의 DNA를 가진 사람,
태어나기를 인싸로 태어난 사람이라면
인싸라야 행복할 것이다.
그러나 그렇지 않다면 굳이 인싸가 아니라도 괜찮다.
아니 아싸라서 더 괜찮을 수 있다.

결국 인싸에 속할지,
아니면 아싸에 속할지를 결정하는 건
나의 욕망이 아닌 나 자신의 정체성이어야 한다.
그래야 인싸와 아싸,
어느 쪽이든 충분히 행복해질 수 있다.

여섯.

미음에도 연습이
　　　　필요하다

# 친절한 마음을 숨기면
# 나중에 후회한다

사진을 부탁할 때
바쁘다며 손을 젓는 사람이 있다.
어떤 사람은
부탁하지 않았는데도
눈치 빠르게 찍어주겠다고 다가오기도 한다.

그 장소가 이탈리아 트레비 분수 앞이라면
조심해야 할지도 모른다.
폰을 넘겨주는 순간 그대로 달아날지도 모르고
환한 미소로 사진을 찍어준 다음
팁을 달라고 당당하게 요구할 수도 있으니까.

하지만 그런 곳이 아니라면,

분위기를 감지하고 먼저 사진을 찍어주겠다며
다가오는 이들을 우리는
친절한 사람이라고 부른다.

사실 친절한 사람들을 만나는 건 어렵지 않다.

폐지가 가득 실린 수레를 끄는 어르신을
그냥 지나치지 못하고 뒤에 붙어 밀어주는 사람들이 있다.

카드나 잔돈이 없어 곤란해하는 이들을 보면
대신 차비를 내어주는 사람들도 있다.

타인들 사이에서만 친절한 사람이 보이는 건 아니다.

아끼는 물건인데도 부탁하면 기꺼이 빌려주고,
함께 길을 갈 때 무거운 가방을 나눠 들어주고,
보고 싶어 하지 않던 영화를 같이 봐주고,
잊지 않고 꼬박꼬박 생일을 챙겨주는,
그런 친절한 사람들이
우리 곁에 분명 있다.

마치 '우리를 행복하게 만들어줄 의무가 있는 것처럼'
우리가 살아가는 삶의 순간마다 짠하고 나타나
위로와 기쁨을 전해주는 친절한 사람들이 있어
우리의 매일은 꽤 괜찮은 시간으로 채워지곤 한다.

그런 마음을 베풀고 싶으면서도
친절한 행동을 주저하는 이들도 있다.

혹시라도 오해할까 봐,
너무 나대는 것 같아서,
착해 보이면 만만하게 여길까 봐,
적당하지는 않지만 이런저런 이유를 내세우며
친절한 마음을 굳이 감추는 사람들 말이다.

그런 마음들 때문에
어쩌면 더 많이 행복해질 인생의 순간들이
이 세상에서 소리도 없이 사라지고 있다.

그 순간이 사라지지 않도록
우리 모두가 친절해진다면 얼마나 좋을까.

그 기회를 놓친다면

언젠가 당신은 친절하지 못했던 매 순간들을 기억하며 후회하게 될지도 모른다.

그때는 늦다.

## 약점이 될 말은 하지 말자

'흉금을 털어놓는다'라는 말이 있다.
속마음을 스스럼없이 드러내며 이야기 나눈다는 뜻으로
서로가 정답고 다정한 사이에서나 가능한 말이다.

그런 사이에서는
남이 알면 약점이 될 수 있는 말도 나오기 마련이다.
가까운 사이라는 게 그렇다.
세상이 알면 큰 흉이 되고 말 이야기도 거리낌 없이 하게 된다.

다른 사람은 몰라도 이 사람만큼은 나를 이해해 줄 거라는 마음,
세상 끝까지 가도 이 사람만큼은 나를 지켜줄 거라는 마음,
그 마음에 믿음이 더해지니
할 이야기, 못할 이야기를 구분하지 않게 되는 것이다.

문제는 이곳저곳에서 끊임없이
거센 바람이 불다 보면
아무리 단단하고 굳건한 관계도
흔들리고 만다는 것이다.

흔들리다 보면
넘어져 바닥을 구르기도 하고,
때로는 금이 가거나 깨어지기도 한다.

관계가 멀어지는 것은 견딜만하지만
그 사람을 믿고 나눴던 이야기가 나의 약점이 되어
돌아오는 것은 견디기 힘든 게 사람의 마음이다.

믿고 했던 말들이
나의 아픈 데를 찌르는 칼과 창으로 변하는 것을
누가 참아낼 수 있다는 말인가.

결국엔 배신감을 이기지 못하고,
나 역시 그가 믿고 해준 이야기들을
약점으로 바꿔 공격하는 복수의 시대를 열 수밖에 없다.

그러다 보면 어느새
두 사람 모두
사람들의 조롱거리가 되는
씁쓸함을 맛보게 된다.

그러니 아무리 가까운 사이라도
아무도 모르는 나만의 약점을,
나중에 세상이 알면
부끄러움이 될 수 있는 이야기를
가슴 터놓고 이야기하는 것은 참아야 한다.

가깝다 보니
속을 보여주고 싶을 것이다.
진정으로 그 사람한테만큼은
이해받고 싶어질 것이다.
그러나 참아야 한다.

혹 세월의 장난에 휘말려
그 사람과 내가 어긋나더라도
약점이 될 말을 나누지 않았다면

서로를 해치려는 마음을 먹는 일은 없을 것이다.

그저 서로가 인연이 아니었다 생각하며 멀어질 뿐이다.

그것만으로도 우리는

서로를 최악의 상황에서 구할 수 있다.

## 사소하지만 위대한 선행 루틴

운동을 즐기는 사람들은 특별한 기대 없이
매일의 운동 루틴을 지킨다.
자전거 타기와 달리기 같은 유산소 운동을 끝내고 나면
런지나 스쿼트 같은 근력강화운동을 곧바로 시작하는 식이다.

글을 전업으로 삼은 작가들도
대부분 매일의 창작 루틴을 엄수한다.
아침을 먹고 산책 시간을 가진 후
정해둔 하루의 일정 시간을 글쓰기에 쏟는 것이다.

루틴을 지킨다는 것은
결국 반복적으로 나와의 약속을 지킨다는 말이다.
루틴을 지킨다고 해서 당장 커다란 보상이 주어지는 것은 아니다.

운동 루틴을 따른다고 바로 몸짱이 되는 것도 아니고,

창작 루틴을 따른다고 당장 유명 작가가 되는 것도 아니다.

다만 매일같이 루틴을 지키며 노력하다 보면

언젠가는 꿈꾸던 목표지에

닿을 수 있을 거라는 희망을 품을 뿐이다.

결코 서두르지 않으며,

그저 자신이 할 수 있는 노력을 다해가며,

그렇게 매일매일의 루틴을 지켜가는 것이다.

그런데 살면서 누구나 자신의 방식으로 가져야 할

중요한 루틴이 하나 있다.

선행의 루틴이다.

착한 일을 한 사람은

이 세상에서도 즐겁고

저 세상에서도 즐거워한다는 법구경의 구절을 꺼내지 않더라도

착한 일이 갖는 효능감을 의심하는 이들은 없을 것이다.

그런데 사실 착한 일도 종류가 많다.

돈이나 물품을 나누는 기부도 있고,

시간을 내어 땀과 노력을 보태는 자원봉사도 있고,
주변과 이웃을 살뜰히 살피는 관계나눔도 있다.

그중 지속적으로 지킬 수 있는 착한 일을 골라
자신만의 선행 루틴으로 만들면 된다.

아주 사소한 일도 상관없다.
가령, 나는 전철역 입구에서 나눠주는 광고전단을 뿌리치지 않고
친절하게 받아주는 것을 나만의 선행 루틴 중 하나로 삼고 있다.
가끔은 '좋은 하루 되세요'라는 인사를 건네며 받기도 한다.
그때마다 전단을 나눠주는 이들의 얼굴은 환하게 밝아진다.

그게 알바든, 생업이든, 혹은 지인을 돕는 일이든,
그들이 전단을 뿌리는 시간이 조금은 기분 좋았으면
하는 마음으로 하는 일이다.
내게는 꽤 오래된 루틴인데 비가 오거나 추운 날에는
그 사소한 일의 의미가 더 깊어지는 것을 느낀다.

혹시라도 선행 루틴을 착한사람증후군의 증상으로 오해하면 안 된다.
오직 다른 사람에게 '나쁜 사람'으로 남고 싶지 않다는 마음 때문에

자신이 원하지 않는 일을 하는 것은 착한 일이 아니라
자신을 해치는 나쁜 일이다.


나만의 선행 루틴은
누군가에게 도움이 되는 일인 동시에
무엇보다 내게 즐거운 일로 짜여야 한다.
그래야 계속할 수 있고, 자신만의 의미를 찾을 수 있다.


아는 후배 하나는
비 예보가 있는 날이면
자기가 쓸 장우산 하나에 접이식 우산을 하나 더 챙겨 나온다.
혹시라도 우산을 가져오지 않은 동료나 지인에게 빌려주기 위해서다.
그 마음 덕분에 나도 우산을 챙겨가지 않고도
비를 맞지 않은 하루를 보낸 기억이 있다.


그런가 하면
몇 년째, 더운 날 택배를 나르는 배송기사들을 위해
집 앞에 얼린 생수를 둔다는 선배도 있다.
퇴근하고 돌아왔을 때 사라진 생수를 볼 때마다
선배는 기분이 좋다고 했다.

살아가다 보면 고단함이 커질 때가 있다.
그럴 때 내 곁의 지인이나,
혹은 얼굴도 모르는 누군가의 사소한 착한 일 때문에
그 고단함이 조금은 풀릴 때가 있다.
그때부터 세상은 다시 살만한 것이 된다.

매일매일 혹은 이따금이라도
우리가 즐겁게 할 수 있는
착한 일의 루틴을 만드는 것,
그건 우리가 함께 세상의 고단함을 덜어내는
사소하지만 가장 위대한 일일 수도 있다.

## 누구에게나 애착인형이 필요하다

2025년 현재 76세인 영국의 찰스 왕은
어딜 가나 곰인형을 들고 다니는 것으로 유명하다.
이른바 왕의 애착인형으로 알려진 곰인형은
왕이 아주 어린시절부터 좋아했던 인형이라고 한다.
한때 인형을 지키는 전담 하인을 두었을 만큼
인형에 대한 왕의 애착은 대단하다.
인형이 헤지고 터져서 수선을 받을 때면
마치 자식이 수술을 받는 것처럼
왕은 불안해하며 원래의 상태가 되기를 간절히 기도했다고 한다.

많은 사람들은 왕이
곰인형에 집착하는 이유를 궁금해한다.

그런데 사실 인간적으로 바라보면
답을 찾는 게 어렵지 않다.

어린 시절부터 왕가의 엄숙한 법도에서 자란 찰스 왕에게
곰인형은 그가 언제든 안을 수 있는 따뜻한 위로였을 것이다.
어른이 됐다고, 늙었다고 해서
그 위로가 필요하지 않은 것은 아니다.

남들에게 어른다운 품위를 보이려면
인형 따위는 품에서 밀어내는 게 맞다.
그런데 여전히 자신의 걱정과 불안을 덜어내는 힘을
발휘하는 물건이 있다면
설사 그게 눈에 띄는 인형일지라도
당당히 들고 다녀도 나쁘지 않을 것 같다.

어른이 됐다고 해서,
혹은 남들이 부러워하는 자리에 올랐다고 해서,
마음을 좀 먹는 불안벌레가 사라지는 것은 아니다.

그럴 때 어떤 사람은 여행으로 위로를 얻을 수도 있고,

어떤 사람은 술을 마시며 불안을 잠재울 수도 있다.

애착 인형도 다르지 않다.

그걸 통해 불안을 달래고 마음의 편안함을 얻을 수 있다면

굳이 눈 밖으로 밀어낼 필요가 없다.

어른이 된다고 마음이 단단해지는 건 아니다.

어른이 됐으니까 마음이 단단한 척하며 사는 것에 익숙해질 뿐이다.

그렇게 힘들어도 '괜찮은 척' 하며 살다가

마음을 괴롭히는 일이 생기면

누구나 언제든 불안하고 초조해진다.

당장 곁에 조언을 구하거나 도와줄 사람이 없다면

불안의 그늘은 더 크고 길어질 수박에 없다.

그럴 때 애착 인형을 안는 것만으로 위로가 된다면

남의 눈치 따위는 잠시 잊어도 좋다.

중요한 건 다른 사람의 눈이 아니라 내 마음이다.

누군가에게는 애착의 물건이 인형일 수 있지만,

누군가에게는 부적이 될 수도 있고,

누군가에게는 엄마의 사진일 수도 있다.

내게는 초등학교에 들어가기 전부터 읽었던
〈외토리 소녀〉라는 동화책이 그렇다.
마음이 불안하고 괜한 걱정이 들 때면
이제는 너무 낡아 테이프를 여러 번 덧댄 그 책을
꺼내 읽는 것만으로도 마음이 편안해진다.
그 책이 내게는 평생 함께 할 애착인형인 셈이다.

나의 마음을 잘 돌보는 사람이
남의 마음도 돌볼 줄 안다.

오랫동안 위로가 되어주는 물건을 가시고 있다는 것은
살아오는 동안 그만큼 자신의 마음을 잘 돌봐왔다는 증명이 아닐까.

## 사소한 거짓말이 지켜주는 것들

살다 보면 진실 그대로를
말하기 어려운 상황에 놓일 때가 많다.
그럴 때 우리는 거짓말을 한다.

물론 그 상황이 신념을 걸거나
혹은 누군가의 이익과 직접 관련 있는 상황이라면
거북하고 힘들더라도 진실을 말할 수밖에 없다.

그러나 그 상황이 너무나 사소한 상황이라면,
또한 거짓말의 결과로 더 좋은 상황이 만들어질 수 있다면
거짓말을 할 수도 있다.

선의의 거짓말이나 하얀 거짓말도

결코 해서는 안 된다고 충고하는 이들도 있다.

남에게 해가 되지는 않더라도
거짓말은 결국 도덕을 무시하는 잘못이라고 여기는 것이다.

그러나 어떤 경우
거짓말은 타인을 배려하는 따뜻함이 되기도 하고,
모두를 행복하게 만드는 힘이 되기도 한다.

이런 거짓말을 위해 필요한 것은
도덕을 어기는 빌런의 마음이 아니라
작은 상처도 만들지 않으려는 히어로의 마음이다.

가령 배우자가 정성껏 해준 요리가 맛이 없어도
맛있다는 거짓말을 할 수 있다.
나를 위해 기꺼이 주방에서의 수고를 마다하지 않은
배우자에게 상처를 줄 필요는 없는 것이다.
게다가 그 사소한 거짓말 때문에
배우자의 하루가 더 즐거워질 수도 있다.
사회생활도 마찬가지다.

상사나 동료의 옷차림이 마음에 들지 않을 때
패션테러리스트라는 진실을 이야기하는 대신
옷의 컬러를 칭찬하는 거짓말을 할 수 있다.
나름 고민 끝에 출근룩을 골랐을
그의 안목을 지적할 필요는 없는 것이다.
게다가 그 사소한 거짓말 때문에
함께 시작하는 아침의 분위기가 더 유쾌해질 수도 있다.

누군가는 이런 착한 거짓말도 모이고 모이면
일종의 거짓말 문화가 만들어져
모두가 거짓말을 하는 사회가 될 수 있다고 경고한다.
그 안에서 나쁜 거짓말의 허용 범위도 더 넓어지게 된다는 것이다.

맞는 소리 같지만
이런 말은 거짓말이 시작된 동기를 따지지 않는 주장에 불과하다.

물론 나의 잘못을 가리거나
혹은 나의 이익만을 위한 거짓말은
누군가를 해칠 수 있다.

하지만 타인을 배려한 사소한 거짓말이
어떻게 해악이 될 수 있을까.

물론 나는 죽어도 진실만을 말하겠다며
사소한 거짓말도 인정할 수 없다는 완벽한 도덕주의자도 분명 있을 것이다.

그런데 생각해 보라.
그의 곁에 있는 사람들이 겪을
사소하지만 되풀이될 상처의 날들을.

미용실에 들러 공들여 머리를 하고 나타난 날
'머리가 어울리지 않는다'라고 말하고,
정성껏 준비한 선물을 받고는
'마음에 들지 않는다'라고 말하는,
그렇게 사소한 거짓말을 할 준비가 전혀 되어 있지 않는 사람을
나쁘다고 말할 수는 없을 것이다.
그 사람은 진실을 말하는 사람이니까.

그런데, 좋아하기도 힘들 것 같다.
진실만 말하는 사람이니까.

# 잘 해내고 싶은 마음이
# 독이 되지 않게

일을 잘해내고 싶은 마음은 멋진 마음이다.
특히 선배나 동료가 믿고 맡긴 일이라면
그 마음이 더 커질 수밖에 없다.

그런데 뭔가를 잘해내고 싶은 마음이 너무 커지면
오히려 일을 그르치는 경우가 생긴다.

이왕 하는 거 잘해보자는 마음이
적당한 크기로 유지되면 괜찮지만,
너무 과하면 욕심이 생겨
주어진 한계를 제대로 살피지 못하게 된다.

그때부터 할 수 있는 것과 할 수 없는 것을

구분하지 못하는 것은 물론
일정한 수준과 속도로 해나갔다면 무난했을 일을
더디고 어려운 일로 만들고 만다.

사실 그런 마음을 만들어내는 바탕에는
'남들보다 잘해야 한다'라는 강박과
'완벽하게 해내야 한다'라는 부담감이 자리 잡고 있다.

그런데 세상은 혼자 사는 게 아니다.
내가 혼자 세상을 다 책임지지 않아도
세상은 문제없이 돌아간다.
모두가 일정 부분의 몫을
평균적으로 해내고 있기 때문이다.

일도 마찬가지다.
모두가 이해하는 평균의 완성도가 있다.
그 평균을 넘어 최상의 완벽을 보여주겠다는 마음을
강박적으로 가지며 일할 필요는 없다.

그런 마음이 나쁘다는 게 아니다.

어떤 일에서는 그런 마음이 꼭 필요한 때도 있을 것이다.

그러나 모든 일을 그런 마음으로 하다 보면
오히려 독이 되어 일에 접근하는 방법과 태도에
문제가 생길 수 있다.

일을 설렁설렁 대충 하라는 말이 아니다.
완벽하게 잘해내야겠다는 부담을 가지고 시작하기보다는,
일의 목적과 과정을 정확히 이해한 후
편한 마음으로 차근차근 해내가라는 것이다.

일은 비장하고 위대한 마음이 아닌
편안하고 정확하게 한다는 마음으로 해야 한다.
그래야 지치지 않고 계속 일할 수 있다.

## 한때의 기분에 지지 마라

그런 기분에 휩싸일 때가 있다.
다른 사람은 다 괜찮은데, 나만 힘든 것 같은 그런 기분.

그럴 때면 괜히 억울해진다.
나름 열심히 살아왔는데 아무것도 해놓은 게 없는 것 같고,
나만 외톨이로 남겨진 것처럼 느껴진다.

그런 날 비라도 내리면 마음은 더 쓸쓸해져
지금껏 뭐 하고 살아왔나 하는 후회가 아프게 밀려온다.

누군가는 그걸 우울감이라고 말할 거고,
누군가는 상실감이라고 말할 거다.

그러나 정말 느닷없이 그럴 때는
그저 그런 기분일 뿐이다.

사람이란 게 원래 그런 존재다.
생각도 많고, 할 일도 많고, 걱정도 많다.

그래서 가끔은 꼬인다.

하루 종일 생각해 놓고도
뭘 생각했는지 잊어버리기도 하고,
할 일을 잘 하다가도 문득
이 일을 하는 게 맞는지 의문이 들기도 하고,
기분 좋다가도 갑작스럽게
걱정이 솟아오르기도 한다.

그럴 수밖에 없다.
좋은 건지 나쁜 건지 판단할 수는 없지만
우리 모두는 완벽히 조절하기에는
너무도 복잡한 뇌를 가지고 있다.

약 860억 개의 뉴런(신경세포)과
100조 개의 시냅스(뉴런 연결 부위)로 구성돼 있다고 알려진 뇌는
우주적 규모의 기억과 경험을 저장한 상태에서
수시로 수많은 판단을 내린다.

그 과정에서 뇌도 실수한다.
뇌에 저장된 수많은 기억과 경험은
서로 부딪치고 뒤섞여 꼬이거나 왜곡되기도 하고,
때로는 말도 안 되는 엉뚱한 오류를 일으키기도 한다.

다들 경험했을 것이다.
아주 근사한 순간에 어울리지 않는 최악의 기분을 느끼거나,
관심 없던 사람에게서 느닷없는 설렘을 느꼈던 순간들을.
그 모두는 뇌가 일으킨 오류에 의해 발생한 한때의 기분일 뿐이다.

나만 외로운 것 같고,
나만 쓸쓸한 것 같고,
나만 힘든 것 같은 기분도
실제 자신의 객관적인 상황과는 상관없이
언제든 불쑥 내 마음을 차지할 수 있다.

그러나 한때의 기분은 그야말로 기분일 뿐이다.
조금만 지나면 언제 그랬냐 싶게 사라져 버리는 게 기분이다.

그런데도 순간의 기분에 사로잡혀 결정하거나 행동하고 나면 남는 것은 돌이킬 수 없는 후회뿐이다.
그러니 기분에 지지 마라.
뇌의 실수에 넘어가지 마라.

## 외롭다고 무조건 잡지 마라

누구나 외로울 때가 있다.

곁에 있던 친구가 먼 곳으로 가서 외로울 수도 있고,
사랑했던 사람과 헤어져서 외로울 수도 있다.

외로움은 나쁜 감정이 아니다.
우리는 외로울 때 오히려
자기가 어떤 사람인지 정확히 알게 된다.

무엇을 좋아하고 무엇을 싫어하는지
어딜 가고 싶어 하고, 어딜 가기 싫어하는지.
그리고 혼자서 해낼 수 있는 것이 무엇인지도 알게 된다.

살면서 주어지는 외로운 시간은
잊고 있던 자신의 정체성을 깨닫게 해주는
선물 같은 시간이기도 하다.

외로움을 견디지 못하는 사람들도 있다.
그런 사람들은 아무나 만난다.
자기가 좋아하는 유형의 사람이 아니라
자기를 좋아하는 유형의 사람들을 만난다.
그래서 상처받는다.

처음에는 함께 있을 수 있어서 좋지만
나중에는 함께 있는 것이 괴로울 수밖에 없다.
나와 맞지 않는 사람을
계속 견뎌내는 일은 힘든 일이기 때문이다.
외로워도
혼자 있는 시간을 견뎌내야 한다.
친구가 됐든, 연인이 됐든
나에게 맞는 사람을 만나게 될 때까지는 기다려야 한다.

내 편이 되어줄 누군가를 기다리는 일은

사람 하나 없는 밤,

낯선 시골의 빈 정류장에서

언제 올지 모르는 버스를 기다리는 일처럼 막막한 일이다.

그러나 오래 기다렸다고 해서

정류장에 도착한 버스에 무조건 올라타면 안 된다.

아무리 막막해도 내가 가야 할 곳에

데려다줄 버스가 맞는지 확인하고 타야

문제가 생기지 않는다.

인생도 마찬가지다.

누군가 손을 내밀었다고 해서

그 손을 덥석 잡아버리면

잠시의 외로움은 덜어질지 몰라도

진짜로 외롭고 괴로운 시간이 시작될 수도 있다.

지금 혼자라 외롭다면

혼자 시간을 보내는 방법부터 배워야 한다.

혼자 지내도 외롭지 않을 때

비로소 내게 맞는 사람을 찾을 수 있다.

시간을 때우기 위한 사람이 아니라

시간을 함께 채워가도 좋을 사람은

궁핍한 마음이 아닌

마음의 여유 속에서 찾아지는 것이다.

일곱.

 어차피 내 인생의
　　　　노래니까

## 하고 싶은 걸 해라

"성공은 넘어진 횟수가 아니라
 다시 일어선 횟수에 달려있다."

만년 꼴찌 팀을 2년 만에 미국 최고의 미식축구팀으로 만들며
역사상 최고의 감독으로 등극한
빈스 롬바르디(Vince Lombardi)가 남긴 명언이다.

선수로서의 명운이 갈리는 대학 시절,
롬바르디는 주목받는 선수가 아니었다.
운이 좋은 사람도 아니었다.

수비수를 맡았던 그는
미식축구 선수치고는 체격이 작은 편이었다.

게다가 큰 부상으로 인해
선수 생활을 그만둘 위기에 처하기도 했다.
가족마저도 운동을 그만두라고 말렸지만
그는 포기하지 않고 재활훈련을 했다.

부상을 이겨내고 대학을 졸업한 그는
좋은 팀에서의 코치를 꿈꿨다.

그러나 그를 뽑아줄 곳은 없었다.

다른 사람들의 눈에
롬바르디는 가난한 이민자 가정에서 태어난
평범한 대학 선수 출신에 불과했기 때문이다.

게다가 그때 미국은 대공황의 여파가 지속되는
암울한 시절을 맞고 있었다.

노동자로 살면서도 꿈을 버리지 않았던 그에게 손을 내민 것은
고등학교 미식축구팀의 감독을 맡고 있던 대학 동문이었다.

그가 롬바르디에게 권한 것은 보조 코치 자리였고,
보조 교사로 다른 과목도 가르쳐야 한다는 조건이 따라붙었다.

롬바르디는 기꺼이 수락했다.
보조 코치에 불과했지만 그는 그만의 방식으로
선수들의 훈련을 도왔다.
모든 연습경기를 분석하고 그 결과를 바탕으로 전략을 짰다.

롬바르디는 조금씩 인정받기 시작했다.
어느새 그는 고등학교 팀의 보조 코치에서
모교인 포드햄 대학의 미식축구 코치로 올라섰다.

경력이 쌓인 롬바르디는
미국 육군사관학교인 웨스트포인트의 미식축구팀 코치를 거쳐
마침내 프로팀인 뉴욕 자이언츠팀의 코치가 됐다.

거기까지였다.
롬바르디는 감독을 꿈꿨지만 어느 팀도 그에게
감독의 자리를 주지 않았다.

그가 택한 건 실망이 아닌 부단한 전술 연구였다.

그의 시간은 땀 속에서 흘러갔고,

마침내 48세가 되던 해,

그를 감독으로 받아들일 팀이 나타났다.

위스톤신의 소도시인 그린베이에 연고를 둔

'그린베이 패커스' 팀이었다.

당시 그린베이 패커스의 상황은 최악이었다.

직전 시즌을 1승 10패로 마감했고, 팀 분위기는 가라앉아 있었다.

언론에서 그린베이 패커스를 호칭하는 단어는 '삼류팀'이었다.

선수들의 실력도, 사기도 부족했다.

롬바르디는 팀의 현실에 아랑곳하지 않았다.

그는 부임과 동시에 가진 인터뷰에서

'그린베이 패커스'를 챔피언 팀으로 만들겠다고 자신했다.

아무도 믿지 않았다.

언론에서는 롬바르디를 실력도 없는 거짓말쟁이로 몰았다.

선수들마저 '허풍쟁이'가 감독으로 왔다며 비웃었다.

그러나 그는 선수들을 하나하나 만나 설득했다.
각 선수에 대한 완전한 분석을 통해 새로운 훈련법을 제시했고,
패배의식에서 벗어나 승리를 꿈꿀 수 있는 자신감을 갖게 만들었다.

선수들의 동참 속에 피나는 훈련이 이어졌고,
결국 롬바르디는 거짓말이나 하는 허풍쟁이가 아니라는 것을
성적으로 증명했다.
그린베이 패커스는 롬바르디가 맡은 1959년 시즌에
7승 5패를 기록하며 10%의 승률을 단박에 60%로 끌어올렸다.
그는 부임 첫해 그해의 감독상을 수상했다.

팀은 무섭게 성장했다.
그린베이 패커스는 1961년과 1962년,
연속으로 내셔널 리그 챔피언을 차지했다.
그야말로 꼴찌팀의 기적을 이뤄낸 것이다.

지금의 역사가 기억하는 롬바르디는
꿈을 이뤄낸 감독의 모습이다.

그러나 우리가 기억해야 하는 것은

꿈이 이뤄지기까지 그가 거쳐온
실패와 상처의 여정이어야 한다.

그의 생을 돌아보라,
그에게는 언제든 꿈을 포기해도 괜찮을 이유가 존재했다.
가난한 처지에
미래가 약속되지 않은 꿈 따위에 매달릴 수 없다는 이유로
포기할 수도 있는 꿈이었다.

다른 선수들에 비해 작은 체격을 이유로
포기할 수도 있는 꿈이었다.

부상을 이유로 포기할 수도 있는 꿈이었다.

고등학교 팀의 보조 코치 자리를 맡게 된 현실에 낙담하여
포기할 수도 있는 꿈이었다.

형편없는 꼴찌팀의 감독이 되어야 한다는 부담감에
포기할 수도 있는 꿈이었다.

하지만 롬바르디는 포기하지 않았다.
대신 꿈을 꾸며 계속 달리는 길을 선택했다.
그 길이 그를 성공으로 이끌었다.

누구나 실패한다.
실패의 경험이 쓰라려
도전하는 것을 멈춘다면
원하는 것을 이룰 수 없다.
실패해도 일어나 달려야만
롬바르디처럼 성공할 기회를 다시 얻을 수 있다.

실패도 하지 않았는데
아예 시도할 용기조차 내지 못하는 이들도 있다.
그런 비겁함은
자신의 전적인 의지라기보다는
주변의 나를 좀 안다는 이들의 만류에 의해
생기는 경우가 있다.

"넌 안 돼."
"네까짓 게 뭐라고."

"그건 네 몫이 아니야."
"분수 좀 지키자."
"그러다 괜히 시간만 버리지."
"너한테 맞는 일을 해."

그렇게 주변의 나를 좀 안다는 이들이 만류하고 나서면
힘들게 냈던 용기도 물거품처럼 사라지고 만다.

그러나 한 번뿐인 인생이다.
남들의 마음에 들기 위해 사는 인생도 아니다.

정말 하고 싶다면
해낼 수 있다는 마음으로
질끈 눈을 감고 저질러야 한다.

주변에서 걱정하는 목소리를
무조건 무시하라는 말이 아니다.
걱정이 모일수록 더 단단하게
더 철저하게 준비하면 된다.
넘어질 각오도 미리 하고,

넘어지면 다시 일어날 의지도 미리 다지면 된다.

처음부터 잘하는 사람 없고,
뭐든 한두 번에 성공하는 사람도 드물다.
운도 나쁠 수 있다.
그래도 스스로를 믿고
가고 싶은 길을 달려가라.
죽을 힘을 다해 가다 보면
어느새 원하는 곳에
다다른 자신을 만나게 될 것이다.

왜 그래야 되냐고?
한 번밖에 살 수 없는 인생이니까.
그러니 하고 싶은 걸 해라.

고등학교팀의 보조 코치로 시작해
역사상 최고의 미식축구 감독으로 등극한 빈스 롬바르디,
그도 그렇게 했다.

# 남도 용서하는데,
# 나를 왜 용서 못해

'화해'를 국어사전에서는
서로 싸우던 것을 멈추고
안 좋은 감정을 풀어 없애는 것으로 정의하고 있다.

문제는 화해가
생각보다 쉽지 않다는 데에 있다.
미움이 오래되고 클수록
화해는 아주 어려운 일이 되고 만다.

화해는 누군가가 내게 저지른 잘못을
용서하는 것에서 시작되기 때문이다.

그 어려운 일을 해내는 사람들이 있다.

최초의 흑인 대통령이자 흑인인권운동가였던
넬슨 만델라는 단지 흑인이라는 이유로
백인 정부에 의해 부당한 차별을 받았다.
그는 투쟁을 선택하고 결국
27년의 긴 시간 동안 감옥에 갇혀야 했다.
석방된 후 그는 자신을 탄압했던 이들에게
증오와 복수가 아닌 화해의 손을 내밀었다.

위대한 인물만 용서와 화해를 하는 것은 아니다.
연쇄살인범 유영철의 손에 아내와 아들 등 온 가족을 잃고서도
선처해달라는 탄원장을 썼던 고정원 선생의 이야기는
지금까지도 회자된다.

가장 소중한 것을 무참히 앗아간 이를 향해
분노와 복수가 아닌
용서와 화해의 마음을 꺼내든 이유는 무엇일까?

감히 단정할 순 없지만.
아마도 그건 증오로 채워진 마음의 감옥을 벗어나
새로운 삶의 길로 나가겠다는 결단이 아니었을까.

그런데 다른 사람이 아닌
자기 자신조차 용서하지 못하는 사람들이 있다.

나를 부끄러워하는 마음의 감옥에 갇혀
빠져나오지 못하는 사람들도 있다.

그런 사람들은
과거에 자신이 저지른 잘못이나 실수를
끊임없이 복기하며 자신을 괴롭힌다.

"그럴 수도 있지" 하며
자신의 불운을 털고 일어설 준비를 해야 할 시간에도
"내가 별 수 있어" 하며
자신의 불운에 오히려 울타리를 쳐버린다.

그러다 보면
상대의 잘못으로,
혹은 어쩔 수 없는 상황에서 벌어진 일에도,
자신의 탓을 하는 판단의 오류에 갇히고 만다.

나를 믿지 못하고
나를 긍정하지 못하니
주변의 평가에도 쉽게 휘둘린다.

왜 그럴까?
기가 약해서,
혹은 너무 감정적이라서.

아니다.
그 모든 건 과거에 저지른 잘못이나 실수를
제대로 용서하지 못한 자신의 마음에서 온 것이다.

누구나 실수할 수 있다.
그래서 나도 실수한 것이다.
누구나 잘못할 수 있다.
그래서 나도 잘못한 것이다.

그 마음으로 잘못과 실수를 저지른 나를
온전히 용서해야 한다.
무조건 덮고 가라는 말이 아니다.

그때는 미숙해서, 경험이 없어서, 겁이 많아서, 잘 알지 못해서
저지른 잘못과 실수였다는 것을 인정하면 된다.
그러면 과거의 나와 제대로 화해할 수 있다.

어떤 일이 벌어졌을 때
남 탓보다는 자기 탓을 하는 게,
남의 책임보다는 자기 책임을 앞세우는 게
어른스러운 행동이라고 믿는 경우가 많다.

그러나 정말 어른스러운 것은
자기 탓이 아닐 때 자기를 탓하지 않고
자기 책임이 아닐 때 자기를 당당히 변호할 줄 아는 것이다.

우리는 좋든 싫든
숨을 멈추게 될 그날까지
'나'와 함께 살아야 한다.

나를 제대로 돌보기 위해
가장 필요한 것은
부끄럽다고 생각한 내 모습도

소중한 나의 일부로 인정해 주는 것,
그리고 과거에 저지른 잘못이나 실수 때문에 주눅 들어 있는 나를
안아주고 이제는 괜찮다고 말해주는 것이다.

어제를 살았던 나도 나고,
오늘을 살고 있는 나도 나고,
내일을 살아갈 나도 나다.

그 모든 나를 껴안을 때
비로소 나의 마음에도 환한 빛이 들어온다.

다른 사람이 내게 저지른 잘못을
용서하는 위대함은 보이지 못하더라도
내가 저지른 잘못을
용서하는 평범함은 지켜야 한다.

그래야 제대로 살 수 있다.

지금 당장,
## 무해한 사람 그만두기

**초판 1쇄 발행** 2025년 6월 11일

**지은이**    최 민
**펴낸이**    박성주

**책임편집**    김나희
**디자인**    김후정
**내지 일러스트**    Ria

**펴낸곳**    도서출판 지누(춤추는 고래)
**등록**    제313-2005-89호(2005년 5월 2일)
**주소**    (04165) 서울특별시 마포구 마포대로 15 현대빌딩 907호
**전화**    02-3272-2052
**팩스**    02-3272-2053
**이메일**    jinubook@naver.com
**인쇄 · 제본**    벽호

값 15,000원

ⓒ 도서출판 지누(춤추는 고래)
**춤추는 고래**는 도서출판 지누의 임프린트입니다.
ISBN 979-11-87849-56-8 (03800)